KB265939

오늘 일은 오늘 끝내는 법

오늘 일은 오늘 끝내는 법

이동귀 · 손하림 · 김서영 지음

시원북스

차례

PART 1 시간 관리, 미루지 않기의 중요성
모든 성공의 기본은 시간

CHAPTER 1 조금 미루고, 꾸물거리고, 뭉갠다고 큰일 나겠어?

CHAPTER 2 신뢰, 성공의 필요조건

PART 2 미루는 습관 그만두기
게으름을 넘어선 마음의 메커니즘

PART 3 # 감정 소모 없이 미루는 사람과 일하는 법
꾸물거림을 다루는 심리학

CHAPTER 11   감정 소모 없이 꾸물거림을 다루는 기술

CHAPTER 12   상황별 꾸물거림 대처법

우리는 왜
이 책을 쓰게 되었는가

우리는 오랫동안 '미루기'라는 오래된 습관을 연구하고 강연하며 상담해왔다. 직장인, 학생, 부모, 리더에 이르기까지 자신과의 약속을 지키지 못해 마음 무거워하는 수많은 사람을 만나며 한 가지 사실을 확신하게 되었다.

미루기는 의지의 문제가 아니다

미루기는 삶의 무게, 불안, 완벽주의, 두려움, 개인의 성향과 리듬이 복잡하게 얽힌 '감정의 문제'다. 상황은 제각각 달라도 사람들은 놀라울 만큼 비슷한 마음으로 우리를 찾는다. 겉으로 드러나는 행동은 달라도 결국 모두가 '멈춤'과 '지연'이라는 패턴 속에서 고통받고 있었다.

우리 주변의 '미루는 사람들'

- "이 부탁을 또 해야 하나요?"
  - 확인 요청 버퍼링맨

협업 상대에게 진행 상황을 묻는 사소한 행동 앞에서도 손이 멈칫한다. '귀찮게 하는 건 아닐까?', '보채는 것처럼 보이지 않을까?' 망설이는 동안 일정은 밀리고 팀의 흐름은 흔들린다. 타인의 평가와 부담감이 행동을 얼어붙게 만드는 전형적인 사례다.

- "고민만 자라는데, 행동은 언제 자랄까요?"
  - 생각 과부하 씨

운동을 시작하려 해도 헬스장 위치, 날씨, 집안일 등 온갖 변수부터 떠올린다. 어느새 그는 '운동하는 사람'이 아니라 '미룰 이유를 찾아내는 사람'이 되어버린다. 과도한 분석이 행동을 압도해버리는 대표적인 '과분석형 미루기'다.

- "최적의 선택을 찾다 보니 인생이 너무 느려졌습니다"
  - 완전 탐사봇 3000

물건 하나를 살 때도 리뷰와 영상을 끝없이 탐색하느라 한 달을 보낸다. 반면 배우자는 사진 한 장만 보고 바로 결제하며 늘 만족해한다. '신속 추구'와 '최적 추구' 사이에서 완벽을 기할수록 행동은 늦어진다.

- "아이의 리듬은 느리고, 내 마음은 앞서갑니다"
  - 사랑의 성량 폭발러

아이와 숙제를 하다 보면 아이는 금세 딴짓을 하고, 부모는 불안과 걱정에 목소리를 높인다. 아이의 '느린 리듬'과 부모의 '앞서가는 마음'이 충돌하며 생기는 지연의 악순환이다.

- "아무리 동기부여를 해도 몸이 움직이지 않아요"
  - 마음은 앞에, 몸은 뒤에 님

'해야 한다'는 생각 자체가 거대한 바위처럼 무겁다. 마음은 변화를 갈망하지만 몸이 따라주지 않아 그 간극에 지쳐버린다. 이는 의지 부족이 아니라 감정 에너지가 고갈되었을 때 나타나는 가장 고통스러운 형태의 미루기다.

독자 여러분도 이 사례들을 거울삼아 자신의 리듬과 감정을 비추어보길 바란다. 이들의 이야기는 여기서 끝나지 않는다. 책의 마지막, 에필로그에서 이들이 어떻게 멈춤의 순간을 넘어섰는지 다시 만나게 될 것이다.

첫 번째 문턱을 넘는 다정한 안내서

우리가 이 책을 쓴 이유는 명확하다. 많은 이들이 미루기를 '성격 탓'으로 돌리며 자책하지만, 마음의 구조와 감정의 흐름을 이해하면 누구나 바뀔 수 있기 때문이다. 이 책은 당신을 꾸짖거나 재촉하지 않는다. 대신 이렇게 묻는다.

"당신의 미루기 뒤에는 어떤 마음이 숨어 있나요?"
"그 마음을 어떻게 다루어야
원하는 삶으로 나아갈 수 있을까요?"

우리는 그 답을 함께 찾고자 한다. 멈춰 있던 시간이 부드럽게 흐르기 시작하도록, 심리학적 통찰과 현실적인 전략으로 첫 번째 문턱을 넘는 길을 안내할 것이다.

다시 앞으로 나아가는 법

우리가 미루기를 연구하기 훨씬 전부터, 사람들은 이미 미루기와 치열하게 싸우고 있었다. 이 책은 단순히 "미루지 마세요"라고 말하는 책이 아니다.

그 막막한 질문에 대한 가장 현실적인 답을 찾기 위해 이 책을 썼다.

• PART 1 시간 관리, 미루지 않기의 중요성

작은 미루기가 어떻게 개인의 성과를 깎아내리고 조직의 신뢰를 흔드는지 살핀다. 미루기가 단순한 게으름이 아니라 감정과 불안, 시간 인식의 문제임을 뇌과학적으로 증명한다. 고성과자high performer의 성과는 노동 시간의 양이 아니라 정확한 시간 감각과 안정된 루틴에서 비롯된다는 원칙을 제시한다.

• PART 2 미루는 습관 그만두기

미루기의 내면을 깊이 파고든다. 완벽주의형, 자기과신

형, 감정회피형, 외부핑계형 네 가지 유형별 함정을 살펴보고, 이를 극복할 현실적인 기술을 담았다. '단위 쪼개기', '최소 보상', '환경 설계' 등 즉각 실행 가능한 전략을 통해 완벽하지 않더라도 꾸준히 나아가는 선택을 가능하게 한다.

• PART 3 감정 소모 없이 미루는 사람과 일하는 법

조직 리더와 동료들을 위한 파트다. 몰아붙이는 대신 공감과 행동을 이끌어내는 피드백 기술, 신뢰를 회복하는 대화 전략을 다룬다. 리더 자신의 미루기가 조직에 미치는 파장을 이해하고, 어떤 상황에서도 다시 궤도로 복귀할 수 있는 실전 전략을 제시한다.

어떻게 다시 움직이는 사람이 될 것인가

이 책은 직장 환경을 중심으로 설명했지만, 일상에서 미루기로 어려움을 겪는 누구에게나 적용할 수 있는 원리를 담고 있다. 순서대로 읽어도 좋고, 가장 끌리는 장부터 펼쳐도 무방하다. 본론의 흐름을 해치지 않도록 연구자 이름과 출처 표기는 최소화했으며, 참고문헌은 책의 말미에 따로 정리했다.

전작 『나는 왜 꾸물거릴까』가 '꾸물거림의 정체'를 밝히는 데 집중했다면, 이 책은 그 원인을 넘어, 현실 속에서 어떻게 극복하고 다시 움직이는 사람이 될 것인가에 초점을 맞춘다.

함께 집필한 세 저자는 부족한 점에 대한 책임을 온전히 우리에게 돌리며, 출간을 제안해준 시원북스와 정성껏 편집과 마케팅을 맡아준 모든 분들께 깊이 감사드린다.

2026년 4월
저자 일동

PART 1

시간 관리, 미루지 않기의 중요성

모든 성공의 기본은 시간

CHAPTER 1

조금 미루고,
꾸물거리고, 뭉갠다고
큰일 나겠어?

미루기의 그림자가
신뢰를 지울 때

분기별 실적 보고서 제출을 앞두고 A는 모니터 앞에서 잠시 멈칫했다.

'조금만 더 다듬으면 완벽해지겠지'라는 한 줄의 욕심이 결국 하루의 미룸으로 이어졌다.

기한이 지나자 상사는 다른 팀원의 자료로 보고를 진행했고, A는 회의실 뒤편에서 눈치를 보는 처지가 되었다.

단 하루 늦었을 뿐이지만, 상사의 마음속에는 '이 사람에게는 중요한 일을 맡기기 어렵겠다'라는 문장이 선명하게 새겨졌다.

미세한 실금이 무너뜨리는 신뢰의 토대

작은 미룸은 대개 보이지 않는 곳에서 손실을 낳는다.

신뢰는 한 번에 무너지지 않는다. 그러나 미세한 실금이 쌓이면 유리잔이 어느 순간 산산조각 나듯, 관계의 토대 또한 한순간에 부서진다.

결정적인 순간에 선택되는 사람은 결국 '맡기면 확실히 해내는 사람'이다. 기회를 주는 사람의 머릿속에는 단 하나의 질문이 떠오르기 마련이다.

"이 사람을 믿고 일을 맡길 수 있는가?" 이 질문에 대한 확신이 단 1초라도 흔들리는 순간, 당신은 자신도 모르는 사이 중요한 기회에서 제외된다.

삶을 잠식하는 시간의 '라테 효과'latte effect'

소소한 지출이 쌓여 거대한 금액이 되는 '라테 효과'는 시간에도 동일하게 적용된다. 하루 10분의 미룸은 대수롭지 않아 보이지만, 1년이면 60시간, 즉 일주일가량의 시간을 통째로 흘려보내는 셈이다.

진짜 문제는 사라진 시간 그 자체보다 '습관이 형성되는 속도'에 있다.

이 말은 결코 과장이 아니다. 단 한 번의 느슨함이 마음속에 '이 정도는 괜찮다'라는 예외를 만들고, 그 예외가 반복되면 삶의 리듬은 통째로 뒤틀린다.

눈에 보이지 않는 미룸이 결국 당신의 삶을 조용히 잠식하는 법이다.

'이미 늦었다'는 체념이 미래를 가로막을 때

중요한 일을 미뤄둔 채 사소한 일로 도피하면 순간적으로 마음은 가벼워진다. 하지만 미완의 과제는 그림자처럼 따라붙어 내면을 압박한다. 마감이 다가올수록 불안은 눈덩이처럼 불어나고, 어느덧 '지금 시작해도 이미 늦었다'라는 체념이 스며든다.

이 과정에서 가장 먼저 무너지는 것은 자신에 대한 신뢰다.

약속을 자꾸 어기는 친구를 믿을 수 없듯, 스스로에게도 의문이 생기기 시작한다.

"나는 정말 믿을 만한 사람인가?"

오늘 미룬 10분은 단순히 업무를 지연시키는 데 그치지 않는다.

그것은 "나는 할 수 있다"는 확신을 갉아먹고, 나아가 커리어와 인생 전체를 흔드는 거대한 파도가 되어 돌아온다.

진실은 단순하다.

작은 미룸이 자신감에 균열을 내고,
그 균열은 미래로 나아가는 문을 닫아버린다.

한 번의 미룸이
습관이 된 까닭

우리가 무심코 허락한 '한 번쯤'의 미룸은 바람처럼 사라지지 않는다. 그 순간의 달콤함은 과하게 부풀려져 뇌의 보상회로에 선명히 찍힌다. 그리고 어느 날, 조용히 자기 신뢰와 성취의 기둥을 흔든다.

'시간 할인'의 심리학

사람은 눈앞의 편안함에는 지나치게 마음을 열면서도, 내일 얻을 더 큰 보상에는 쉽게 등을 돌리는 존재다.

이를 '시간 할인time discounting'[1]이라고 부른다. 오늘의 달콤함 때문에 내일의 큰 결실을 스스로 저버리는 심리다.

보고서를 미루고 드라마를 더 보는 순간, 운동 가방을 내려놓고 소파에 몸을 묻는 순간, 우리는 잠시 달콤한 자유를 얻는 대신 보이지 않는 신뢰와 성장의 가능성을 잃는다.

시간 할인은 결국 이런 말이다.

'오늘의 달콤함'을 위해
'내일의 가능성'을 저당 잡히는 것.

사람들은 '오늘 받을 수 있는 5만 원'을 '내일 받을 10만 원'보다 더 소중하게 느낀다. 이 얼마나 비합리적인가.
순간의 작은 편안함이, 미래의 큰 성취보다 크게 느껴지기 때문이다. 그래서 우리는 스스로도 아는 비합리적인 패턴을 끝없이 반복한다.

"오늘 한 번만"이라는 속삭임의 무게

"오늘 한 번만 미루자."

이 속삭임은 생각보다 무겁다.

일을 잠시 뒤로 미루는 순간, 마감의 압박은 눈 녹듯 사라지고 마음은 가벼워진다.

문제는 이후에 벌어진다. 뇌는 이 짧은 안도감을 '승리'로 기록한다. 마치 자동차 경고등이 켜졌을 때 스위치를 꺼버리고 '문제가 사라졌다'고 착각하는 것과 같다.

그러나 해결된 것은 아무것도 없다. 우리는 단지 경고등을 덮어버린 것뿐이다. 이런 일회성의 안도감이 몇 번 축적되면 뇌는 곧 하나의 공식을 학습한다.

회피 = 편안함

이 공식이 굳어지는 순간, 우리는 같은 상황에서 훨씬 더 쉽게 '미루기'를 선택하게 된다. 같은 행동을 일상에서는 미루기, 심리학에서는 지연행동 또는 꾸물거림procrastination이라고 한다.

미루기는 게으름이 아니라 '뇌의 착각'이다

결국 미루기는 게으름의 문제가 아니다. 뇌가 불편을 피했을 때 얻는 순간의 안도감을 '승리'로 착각하기 때문에 벌어지는 일이다. 이 착각과 강화가 반복되면 회피는 자동화된 행동이 되고 이 행동은 결국 우리의 태도와 성격까지 바꿔놓는다.

사소해 보이는 한 번의 미룸은 단순한 지연이 아니라 삶의 흐름을 바꿔버리는 강력한 습관의 씨앗이다.

업무 미루기의
나비효과

프로젝트 실패의 60%는 '작은 미룸'에서 시작된다

도로에서 한 차가 느리게 달리면 뒤따르는 수백 대가 멈추듯, 한 사람의 작업 지연은 수많은 사람의 일정을 세워놓는다. 프로젝트에서도 이 현상은 '병목 효과'로 불린다.

글로벌 컨설팅사 맥킨지McKinsey[2]는 '프로젝트 실패의 60% 이상은 기술적인 문제가 아니라 일정 관리와 의사소통의 지연에서 시작된다'고 지적한다.

문제는 기술이 아니라 흐름을 멈추는 작은 미룸이다.

'어차피 누군가 하겠지'가 만든 조직의 균열

미루기는 개인의 게으름으로만 설명할 수 없다. 이는 팀 전체의 심장을 늦추는 조직적 문제다. 만성적으로 미루는 사람들은 종종 이렇게 생각한다.

'어차피 누군가 하겠지?'[3]

그리고 실제로 누군가는 빈자리를 메운다. 다른 사람이 야근을 하거나, 계획을 다시 짜거나 자신의 일정을 희생해 균형을 맞춘다.

처음엔 "이번만 도와주자"로 시작한다. 그러나 두 번, 세 번 반복되면 마음속엔 조용한 불만이 쌓여간다.

"왜 늘 내가 대신해야 하지?"

이 감정은 팀 사기를 떨어뜨리고 가장 중요한 자산인 신뢰를 갉아먹는다. 팀워크는 보이지 않는 신뢰 위에 세워진 집인데, 미루는 순간 그 기둥에 금이 간다.

작은 미룸 하나가 팀의 시계를 멈추게 한다.

신뢰가 무너지면
조직은 흔들린다

한 항공사가 차세대 여객기 도입 프로젝트로 분주했다.

안전 관련 보고서와 기술 검증 자료는 정해진 날짜에 제출되어야 했지만, 담당 부서는 "조금만 더 검토하자"는 이유로 기한을 계속 미루었다. 겉으로는 단순한 행정 절차의 지연처럼 보였으나 결과는 심각했다.

인증 일정이 밀리면서 신형 항공기 투입이 수개월 지연되었고, 이미 공지된 노선 일정은 연쇄적으로 흔들렸다. 무엇보다 고객과 투자자의 시선이 싸늘해졌다.

"이 회사는 약속을 지킬 수 있는가?"라는 단 하나의 의문이 오랜 시간 쌓아 올린 신뢰의 토대를 서서히 무너뜨리기 시작했다.

신뢰, 쌓는 데는 평생이지만 무너지는 데는 단 몇 초

신뢰가 흔들리는 순간, 조직 내부에는 미세한 진동이 발생한다. 회의 때마다 서로의 일정을 촘촘히 확인하게 되고, '혹시 또 기한을 놓치지 않을까' 하는 불신이 자리 잡는다.

한 부서의 지연을 목격한 다른 팀들은 자기방어적으로 일정을 잡기 시작하며, 점차 '협업' 대신 '자기 구역 지키기'가 조직 문화의 기본값이 된다.

성과 지표에는 아직 문제가 없어 보일지라도 내부에서는 보이지 않는 균열이 번진다. 조직을 하나로 묶는 신뢰라는 끈이 조용히 마모되는 것이다.

미룸은 단순한 일정 문제가 아니다. 아무리 기술이 뛰어난 조직이라도 신뢰가 무너지는 순간, 시장에서 발붙일 곳을 잃는다.

백 번의 성과로도 메울 수 없는 단 한 번의 균열

중요한 고객 미팅에 세 번 연속 지각한 한 직원이 있었다. 처음 두 번은 너그러이 넘어갔던 고객도 세 번째 지각 이후에는 단호한 결론을 내렸다.

"이 사람은 더 이상 믿을 수 없다."

결국 계약은 해지되었고 회사의 이미지에도 금이 갔다.

'한번 금 간 항아리에는 다시 물을 담을 수 없다'는 말처럼, 신뢰에 생긴 균열은 좀처럼 메워지지 않는다. 개인의 평판에 생긴 작은 틈은 곧 조직 전체의 평판으로 확산된다.

"이 정도 늦는 것쯤이야"라는 안일함은 사실 회사의 브랜드 가치와 미래 매출을 담보로 한 위험한 도박이다. 한 번 잃은 신뢰는 백 번의 성과로도 회복하기 어렵다.

뇌 속 줄다리기
– 우리는 왜 미루는가

미루기는 게으름이라는 낙인과 거리가 멀다. 그보다는 우리 뇌가 불안을 잠시라도 덜기 위해 선택하는 방어 전략, 일종의 자동 반응에 가깝다.

우리는 미루는 순간 스스로를 탓하지만, 실제로 그 선택은 의지 부족이 아니라 뇌 속에서 벌어지는 정교한 신경의 줄다리기가 만들어낸 결과다.

미루기, 전전두엽과 편도체의 소리 없는 전쟁

중요한 일을 앞두면 뇌에서는 전전두엽과 편도체가 동시에 깨어난다.

- 전전두엽prefrontal cortex은 목표를 세우고 계획을 실행하라고 지휘한다.
- 편도체amygdala는 작은 변화도 위험 신호로 받아들여 "지금은 피하고 싶어"라고 외친다.

보고서를 제출해야 하는 밤, 전전두엽은 '시작하자'고 지시하지만, 편도체는 압박감을 키우며 불안을 높인다.

이 줄다리기에서 편도체가 잠시라도 우세해지는 순간, 우리는 불안을 잠재우기 위해 메신저를 열어보고, 불필요한 메일함을 정리하고, 손끝에 닿는 모든 사소한 일에 '급한 의미'를 부여한다.

일의 본질은 그대로 남아 있는데도 뇌는 그 순간만은 도망칠 길을 찾은 듯 안도감을 느낀다.

연구 결과에 따르면 이들은 전전두엽의 집행 기능이 원활하지 못하며, 불안을 느낄 때 편도체가 과하게 과활성화되면서 단기적 보상에 더 민감하게 반응하는 경향을 보인다.

결국 미루기는 성향이 아니라 '뇌 속 두 시스템의 불균형에서 비롯되는 패턴'이다.

보고서 한 줄보다 커피 한 잔이 절박한 이유

우리는 왜 당장의 즐거움에 그토록 쉽게 무너질까? 여기에는 뇌의 또 다른 메커니즘이 숨어 있다.

뇌영상 연구에 따르면 미루는 사람들은 눈앞의 즐거움에 더 민감하게 반응한다.[4]

즉, 미루는 사람들은 '즉각적 보상에 반응하는 뇌 영역인 선조체striatum에서 더 강한 활성도를 보인다.[5]

선조체는 도파민 회로와 연결되어 있어 보상, 동기, 습관 형성의 중심처럼 작동하는데, 특히 지금 당장 손에 잡히는 보상에는 크게 반응하고 미래의 보상에는 상대적으로 둔감하다.

그래서 마감 하루 전, '보고서 한 줄'보다 '커피 한 잔'이

더 절박하게 느껴지고 '한 문단 작성'보다 '스마트폰 알람'
이 나를 당긴다.

미래의 성취는 흐릿하지만 현재의 위안은 생생하기 때문
이다.

미루기는 의지의 문제가 아니라 정서 조절의 실패다

심리학자들[6]은 미루기를 게으름이 아닌 정서 조절 실패로
본다. 해야 할 일을 미루는 이유는 의지가 약해서가 아니라
순간의 불편함을 다루는 힘이 부족하기 때문이다.

이 관점을 받아들이면 시야가 완전히 달라진다. 미루기를
극복하려면 더 강한 의지가 필요한 것이 아니다. 일상을 대
하는 마음가짐, 즉 '작게 시작하고 불안을 다루는 마인드셋'
을 익히는 것, 그리고 불안을 견디는 정서 조절 능력을 키우
는 것이 핵심이다.

- 작게 쪼개기 : '보고서 전체'라는 벽을 넘기보다 '제목
  정하기 → 개요 쓰기 → 첫 문단 작성하기'처럼 부담을
  잘게 나누면 전전두엽은 힘을 회복한다.

- 호흡 조절 : 깊게 들이마시고 천천히 내쉬는 복식호흡은 편도체의 과도한 긴장을 가라앉히고 전전두엽의 판단력을 되돌려준다.

작은 정서 조절 기술을 꾸준히 연습하다 보면 우리는 불안을 피하지 않고 일을 마주할 수 있는 힘을 얻게 된다. 미루기를 멈추는 힘은 근성에서 오는 것이 아니라, 매일의 작은 선택에서 감정을 다루는 마인드셋에서 온다.

CHAPTER 2

신뢰,
성공의 필요조건

당신이 시간을 지키면
사람들은 당신을 지킨다

직장에는 늘 그런 사람이 있다. 회의 시작 5분 전이면 조용히 자료를 정리하며 자리에 앉아 있는 사람이다. "저 사람과 일하면 불안할 일이 없다"는 무언의 신뢰는 거창한 성과가 아니라 사소한 시간 약속에서 시작된다.

누군가 아슬아슬하게 뛰어올 때, 그는 조금 일찍 도착해 팀 전체의 리듬을 안정시킨다.

그 행동은 곧 "나는 당신의 시간을 소중히 여깁니다"라는 고백과 같다.

신뢰의 첫 번째 조건, '예측 가능성'

한 리더는 프로젝트 적임자를 고민할 때 항상 같은 질문을 던진다.

"이 일을 맡겼을 때, 그는 제시간에 해낼 수 있을까?"

약속한 기한을 넘기지 않는 사람은 그 자체로 신뢰의 기반을 갖춘 셈이다.

예측 가능성은 신뢰를 쌓는 가장 기본적인 토대다. 사소한 약속들을 안정적으로 지켜낼 때, 비로소 더 큰 프로젝트와 자율성이 부여된다.

'5분 먼저 도착하는 습관'의 힘

5분 먼저 도착하는 사람은 단지 시간을 맞춘 것이 아니라 공간 전체의 공기를 안정시킨다.

지속적으로 시간을 엄수하는 이에게는 "책임감이 강하다", "그에게 맡기면 일이 꼬이지 않는다"는 평가가 자연스럽게 뒤따른다.

이러한 평판은 결국 승진과 기회라는 더 큰 문을 여는 열쇠가 된다.

존중의 증거, 제시간에 도착하는 마음

시간을 지키는 행동은 "당신의 시간을 가볍게 여기지 않는다"는 깊은 메시지를 담고 있다.

반대로 매번 늦게 나타나는 행동은 상대에게 "내 시간은 덜 중요하다는 뜻인가?"라는 의구심을 심어준다.

시간을 지키는 사람은 작은 행동으로 상대의 가치를 인정한다. 그러니 그들은 자연스럽게 좋은 평판을 얻고 협업의 중심에 서게 된다.

유별난 재능보다 강력한 '단순한 원칙'

신뢰받는 사람들은 유별난 재능 대신 아주 단순한 원칙을 삶의 중심에 둔다.

- 회의 5분 전 도착한다.
- 보고서는 마감 하루 전 제출한다.
- 변수 발생 시 즉시 공유한다.
- 타인의 시간을 존중한다.

이 작은 행동들이 겹겹이 쌓여 '믿을 수 있는 사람'이라는 고유한 브랜드를 만든다.

'마감일'이 말해주는
평판

D는 팀 내에서 누구보다 빼어난 아이디어를 가진 사람이었다. 회의 때마다 번뜩이는 해결책을 제시했고, 그의 기획은 늘 "참신하다"는 찬사를 받았다.

그러나 정작 중요한 순간마다 그의 보고서는 늘 며칠씩 늦게 도착했다. 상사는 결국 이렇게 말했다.

"D는 똑똑하지만… 기한을 못 지키는 사람이지."

그 순간부터였다. D의 빛나던 아이디어는 더 이상 그의 평판을 받쳐주지 못했다. 직장에서 마감일은 단순한 날짜가 아니라, 그 사람이 일하는 태도와 신뢰를 드러내는 가장 날카로운 증거이기 때문이다.

 마감을 지킨다는 것은 두 가지를 동시에 증명한다.

- 자기 관리 능력 : 주어진 업무를 계획하고, 예상되는 변
  수들을 조율하며, 일의 흐름을 스스로 통제할 수 있는 힘.

- 성실성 : 맡은 일을 끝까지 책임지고, 약속한 시간 안에
  그 책임을 완성하는 태도.

직장에서 이 두 가지는 화려한 성과보다 더 깊게 사람의
신뢰를 결정짓는다. 누군가가 꾸준히 마감을 지킨다면, 상
사는 별다른 설명 없이도 알고 있다.
'저 사람에게 맡기면 이상하게 일이 잘 굴러간다.'

반대로 아무리 뛰어난 능력을 지녔다 해도 기한을 지키지
못하는 사람에게는 언젠가 반드시 "불안하다, 맡기기 어렵
다"는 꼬리표가 붙는다.

흔치 않아서 더 귀한 '시간을 책임지는 사람'

업무의 성과는 결과물의 질로만 평가되지 않는다. 그 결과물이 '언제' 도착했는지도 함께 평가된다. 능력이 뛰어나도 마감을 어기면 평가는 흐려지고, 결과물이 조금 부족해도 기한 내 제출하면 대부분의 상사는 이렇게 느낀다.

'이 사람은 믿음직하다. 함께 일하기 좋다.'

마감일을 지키는 사람은 예측 가능하고, 안정적이며, 팀의 리듬을 깨뜨리지 않는 사람이다. 직장에서 이런 사람은 흔치 않다. 그래서 더 귀하다.

'약속을 지키는 사람'이
일으키는 파급효과

약속을 지키는 사람은 팀의 공기를 바꾼다. 팀에서의 대우는 능력만으로 결정되지 않는다. 한 사람이 어떤 약속을 어떻게 지키는지가 팀 전체의 정서와 협업의 리듬을 바꾸어 놓는다.

어떤 사람은 마감이 다가오면 숨이 가빠지는 순간에도 조용히 자신에게 한 약속, 동료에게 한 약속을 지켜낸다. 그의 행동은 특별히 드라마틱하지 않지만 신기하게도 회의실의 공기를 다르게 만든다.

그 사람이 참여한 프로젝트는 자연스럽게 흐름이 맞아떨

어지고, 그가 주도하는 회의는 제시간에 시작된다. 그의 존재만으로 팀은 '안정된 리듬'을 갖게 된다. 팀워크는 결국 안정감 위에 세워지며, 이 안정감은 약속을 지키는 사람에게서 태어난다.

한 사람의 성실함이 팀을 바꾼다

약속을 지키는 사람이 팀의 분위기를 바꾼다는 사실은 사회심리학 실험[7]으로도 확인된 결과다.

해당 연구에서는 실험 참가자들을 작은 팀으로 묶고 공동의 자원을 함께 관리하는 과제를 수행하게 했다. 이때 일부 참가자들에게는 과제를 시작하기 전에 "나는 약속한 규칙을 준수하겠습니다"라는 간단한 약속을 스스로 선언하도록 했다. 그러자 흥미로운 결과가 나타났다.

- 약속을 선언한 구성원은 실제로 규칙을 더 성실하게 지켰다.
- 그의 행동은 다른 팀원들의 준수율까지 끌어올렸다.
- 팀 전체의 갈등이 감소하고, 협력은 증가했다.

연구자들은 이것을 '약속의 사회적 전염'이라고 불렀다. 한 사람이 팀 전체에 파급효과를 일으킨다는 뜻이다.

이 실험은 직장에서 우리가 경험하는 현상을 그대로 보여준다. 누군가가 약속을 정확히 지키는 순간, 그 태도는 팀 전체에 퍼지며 협업의 질을 끌어올린다. 약속을 지키는 사람은 단순히 '제 몫을 하는 사람'이 아니라 팀의 문화를 변화시키는 사람이다.

약속을 지키는 사람의 5가지 행동 특징

약속을 지키는 사람들은 특별한 재능을 가진 것이 아니다. 그들은 작은 선택들을 일관되게 실천한다. 그리고 그 태도가 결국 신뢰의 기반을 만든다.
약속을 지키는 사람들의 공통된 행동 특징이다.

- 말보다 행동으로 보여준다
  "해보겠다"보다 "해놓았다"는 말이 더 자주 나온다.

- 작은 약속도 절대 가볍게 보지 않는다

10분짜리 경과보고도 10일짜리 프로젝트만큼 진지하
게 지킨다.

• 예상되는 변수가 있다면 미리 체크하고 계산한다
'혹시 늦을 수 있는 상황'을 미리 대비하고, 다른 사람의
시간을 낭비하지 않는다.

• 지연될 일이 생기면 즉시 공유한다
숨기지 않고, 기다리게 하지 않으며, 불확실성을 최소화
하려 한다.

• 책임의 기준을 '내가 한 말'에 둔다
한 번 내뱉은 말은 자신의 전문성과 동일하게 여긴다.

이 행동들은 화려해 보이지 않지만 팀에서의 평판과 기회
의 가능성을 조용히, 그러나 강력하게 끌어올린다.

시간을 다루는
능력

시간 감각time sensitivity은 '지금 해야 할 일의 무게를 어느 정도로 느끼는가', '주어진 시간을 마음속에서 어떻게 구조화하는가'를 뜻한다.

어떤 사람은 10분을 금처럼 다루고, 어떤 사람은 한 시간이 손가락 사이로 빠져나가도 대수롭지 않게 여긴다.

흥미로운 점은 이 시간 감각이 단순한 개인적 취향을 넘어 직장에서의 예측 가능성, 자기조절, 협업 태도를 드러내는 일종의 심리적 지문처럼 작동한다는 사실이다. 말보다 먼저 드러나고, 성과보다 앞서 전해지는 신호이기도 하다.

시간을 다루는 방식이 태도

두 사람이 똑같은 능력을 갖췄더라도 한 사람은 시간을 선명한 구조로 보고, 다른 사람은 시간 경계가 흐릿하게 느껴진다면 결과물은 자연스럽게 달라진다.

시간 감각이 선명한 사람은 지금 해야 할 일, 다음에 할 일, 나중으로 미뤄도 되는 일을 자연스럽게 구분한다. 반대로 시간 감각이 무딘 사람은 우선순위가 뒤섞이고, 해야 할 일의 '무게'를 제대로 읽지 못해 사소한 일에도 쉽게 압도된다.

결국 시간 감각은 자기조절의 가장 기초적인 토대다.

나의 시간 감각은 어느 정도일까

아래 문항에 많이 동의할수록 시간 감각이 잘 발달한 편이다.

- [ ] 나는 마감이 가까워질수록 시간의 흐름을 더 선명하게 느낀다.

- [ ] 새로운 일을 시작하기 전에 '얼마나 시간이 필요할지'를 가늠한다.

- [ ] 작은 지연도 부담스럽게 느껴진다.

- [ ] 일을 할 때 '지금 어느 지점에 와 있는지'가 머릿속에 그림처럼 그려진다.

- [ ] 일이 예상보다 길어지면 즉시 일정을 조정하려 한다.

- [ ] 해야 할 일의 시간을 재는 편이다. (예 "이건 30분이면 된다.")

- [ ] 하루가 아침 – 오후 – 저녁으로 느껴진다.

- [ ] 중요한 일일수록 시간을 조금 더 여유 있게 잡는다.

나는 시간을 어떻게 느끼는가
– 시간 감각의 3가지 유형

① 시간 정밀형

- 시간의 흐름이 또렷하게 느껴진다.

- 업무 분배와 일정 관리에서 강점이 있다.

- 주변의 평가 : "믿음직하다." "함께 일하면 편하다."

② 시간 유연형

- 시간의 경계가 흐릿하지만 창의적 사고에 강점이 있다.

- 일정 조정에 능하지만, 때때로 타인의 리듬과 어긋날 수 있다.
- 주변의 평가 : "아이디어는 뛰어난데 일정 맞추기가 힘들다."

③ 시간 낙관형
- '이 정도면 금방 끝나겠지'라고 생각하는 경향이 있다.
- 시간 부담을 낮게 느껴 지연의 가능성을 과소평가한다.
- 주변의 평가 : "능력은 있지만 늘 촉박하다."

시간 속 숨은 메시지

시간을 지킨다는 것은 습관 이상의 의미를 갖는다. 그것은 곧 상대방의 삶과 노력을 존중한다는 메시지다.

회의에 늦는 행동은 "내 시간이 더 중요하다"는 신호로 읽히기 쉽다. 동료는 준비한 의견을 말할 기회를 잃을 수 있고, 상사는 회의를 다시 조정해야 하는 부담을 떠안는다.

반면 정시에 도착하는 태도는 "당신의 시간을 소중히 여깁니다”라는 존중의 표현이다. 작은 태도가 쌓여 협업의 토대를 만들고, 팀 안의 신뢰를 단단하게 한다.

상사가 평가할 때 가장 먼저 보는 두 가지

심리학 연구에 따르면 직장 내 신뢰는 전문성 자체보다 일관성과 예측 가능성에 더 크게 좌우된다.[8]

즉, 동료와 상사는 “이 사람이 제시간에 도착할까?”, “기한 안에 일을 끝낼까?” 이 두 가지를 기준으로 신뢰를 판단한다.

지각이 반복되면 “게으르다”는 꼬리표를 남기지만, 제때 일을 해내는 사람은 “믿을 수 있다”는 평가를 얻는다.

결국 시간 감각은 눈에 보이지 않지만 커리어를 떠받치는 가장 중요한 지표다.

신뢰받는 사람의 언어는
언제나 '시간' 위에 있다

G는 "오늘 오후 3시까지 보내겠습니다"라고 말한 뒤, 실제로 약속된 시간에 맞춰 자료를 보낸다.

동료들은 그를 '말한 대로 움직이는 사람'으로 기억하고, 함께 일할 때 마음이 놓인다.

신뢰받는 사람들의 언어는 막연하지 않다. 언제나 분명한 기준, 곧 '시간' 위에서 움직인다.

'조만간'이라는 말 속에 숨은 신뢰의 균열

'조만간', '곧', '빠른 시일 내' 같은 표현은 부드럽지만 기준이 없다.

듣는 사람은 "언제까지지?", "지킬 수 있을까?"라는 의문을 품게 되고, 이 작은 불확실성이 업무의 흐름을 흐린다.

명확한 시간은 예측 가능성을 만들고,
그 예측 가능성은 곧 신뢰로 이어진다.

시간을 말하는 순간, 약속은 계획이 된다

'오늘 오후 3시까지', '내일 오전 중'처럼 구체적인 시간 표현은 말을 '의지'가 아닌 '계획'으로 바꾼다.

기준이 분명해질수록 실행은 선명해지고, 그 반복은 '믿을 수 있는 사람'이라는 평판으로 이어진다.

"오늘 중에 회신드리겠습니다", "내일까지 수정하겠습니다."

이 짧은 문장들은 그 자체로 명확한 약속이다.

신뢰받는 사람들은 장담이나 과장 대신, 지킬 수 있는 기준으로 말하고 그 약속을 끝까지 지켜낸다.

조직에서 신뢰는 말솜씨가 아니라,

약속을 분명히 하고 책임 있게 완수하는 태도에서 만들어진다.

CHAPTER 3

탁월함,
뛰어남보다 더 '기본'이 되는
시간 관리

시간을
설계하는 힘

신뢰의 출발점에는 시간을 어떻게 설계하느냐가 있다.

'시간 감각'은 단순히 시계를 자주 보는 습관이 아니다.

지금 내가 어떤 지점에 서 있는지, 앞으로 얼마의 시간이 필요할지, 그리고 그 시간 안에 실제로 결과를 낼 수 있을지를 스스로 그려내는 능력이다.

이 감각이 부족하면 하루의 우선순위가 흔들리고, 시간은 어느새 손을 벗어난다.

심리학자들은 사람마다 시간을 바라보는 심리적 틀(시간관)이 다르다고 설명하면서,[9] 시간관을 다섯 유형으로 구분했다.

- 과거-긍정형 : 좋은 기억을 떠올리며 안정감을 느끼는 사람
- 과거-부정형 : 후회와 상처에 묶여 새로운 시도가 어려운 사람
- 현재-쾌락형 : 즉각적인 만족을 중시하는 사람
- 현재-숙명형 : 스스로의 선택보다 운명을 중시하는 사람
- 미래지향형 : 목표를 세우고 계획적으로 행동하며 장기적 보상을 선호하는 사람

연구에 따르면 미래지향형 사람들은 학업 및 직무 성과가 높고, 자기조절력 및 집중력에서도 우수한 경향을 보였다. 반면 현재 중심형은 충동적 소비, 미루기, 스트레스 취약성과 관련이 있었다.

즉, 우리가 시간을 어떻게 인식하느냐는 단순한 성격 차원이 아니라 일과 삶 전체의 성과를 좌우하는 심리적 기반이다.

출근 직후 10분, 하루를 결정하는 골든타임

아침 출근 직후의 10분이 하루의 질을 결정한다. 이 시간에 '오늘의 핵심 과제 세 가지'를 정리하는 사람과 그저 메일함부터 여는 사람의 생산성은 전혀 다르다.

많은 직장인이 "시간이 없다"고 말한다. 하지만 대부분의 경우, 시간 자체가 부족한 것이 아니라, 시간의 흐름을 예측하고 설계하는 감각이 부족해서 흘러가 버리는 것이다.

한 영국의 심리학자는 "행운은 준비된 사람에게 온다"는 말이 태도 문제가 아니라 시간을 미리 예상하고 대비하는 습관과 깊이 관련된다고 설명했다.[10]

성공하는 사람들은 일을 시작하기 전에 늘 생각한다.
'이 일은 얼마나 걸릴까?'
이 사소해 보이는 생각 하나가 성과를 결정짓는 시간 설계 능력을 만든다.

✏️ 시간 감각을 키우는 세 가지 훈련

① 예측 훈련 : '얼마나 걸릴지' 가늠하는 힘

아침마다 오늘 할 일의 예상 소요 시간을 적어보라.
저녁에 실제 소요 시간과 비교하면 자신의 '시간 오차'를 확인할 수 있다.
1~2주만 해도 정확도가 눈에 띄게 오른다.

② 타이밍 피드백 : 일과 시간의 관계를 기록하기

회의나 프로젝트 마감 직후 이 질문에 답하고 기록하라.
"예상보다 빨랐나, 늦었나?"
시간 감각은 반복된 피드백을 통해서만 정교해진다.

③ 시간의 언어 바꾸기 : 모호함을 없애는 훈련

'곧', '조만간', '이따가'는 스스로 모호함을 허락하는 말이다.
'오늘 오후 3시까지', '30분 안에'처럼 구체적인 시간을 말하는 순간, 뇌는 목표
를 선명하게 인식한다.

'바쁜 사람'보다 '시간을 아는 사람'이 되어야 한다

바쁘다는 것은 시간이 없다는 뜻이 아니다. 오히려 자신이 어디에 시간을 쓰고 있는지 모른다는 신호다.

시간 감각이 있는 사람은 일의 양이 아닌 방향으로 움직인다.

중요한 일부터 처리해나가며 주변 사람들에게는 "항상 여유 있어 보인다"는 인상을 준다.

시간 감각은 타고나는 재능이 아니다. 매일의 루틴 속에서
"지금 이 시간이 나에게 어떤 의미인가?"를 묻는 연습으로
길러지는 기술이다.

고성과자들의
시간

회사에서 가장 신뢰받는 사람을 떠올려보라. 아마도 '빠르게' 일하기보다 '제때' 일하는 사람일 것이다.

고성과자들의 공통점은 시간을 흘려보내는 것이 아니라 의미 있게 설계해야 할 자산으로 본다는 점이다.

시간은 '통제 대상'이 아니라 설계해야 할 '자산'이다

진짜 고성과자들은 시간이 부족해서가 아니라 흘러가버리는 경험을 더 두려워한다. 그들에게 시간은 외부의 제약이 아니라, 스스로 관리해야 할 자산이다.

심리학자 미하이 칙센트미하이Csikzentmihalyi[11]는 사람이 몰입 상태에 있을 때 시간이 빠르게 흘러가는 듯하지만 그 짧은 순간이 가장 높은 생산성과 만족을 이끈다고 설명했다.

즉, 시간의 양보다 시간의 질, 곧 집중의 깊이가 성과를 결정한다.

몰입도가 높은 사람은 단순히 오래 일하는 것이 아니라, 에너지, 전념, 몰두가 조화를 이룰 때 비로소 최고의 효율을 발휘한다.[12]

또한 주의가 분산되지 않고 정서가 안정된 상태일 때 인지 자원이 가장 효과적으로 사용된다.[13]

피로와 스트레스 수준이 높으면 시간 투입량과 성과 간의 연결이 약해진다.

결국 중요한 것은 "얼마나 오래 일했는가"가 아닌 "어떤 상태로 시간을 사용했는가"이다. 깊이 몰입한 2시간이 산만한 8시간보다 훨씬 큰 성과를 만들어낸다.

집중력의 리듬을 아는 사람들

심리학자 대니얼 길버트 Gilbert는 주의력과 사고 에너지가 하루 동안 일정한 리듬을 따라 움직인다고 설명한다.[14]

아침에는 전전두엽이 활발해 계획·판단·전략적 사고에 유리하고, 오후에는 정서적 개방성과 사회적 수용성이 높아져 협업·소통 중심 업무에 적합하다.

'생체리듬' 연구 역시 이를 지지한다. 인지 효율성과 의사결정 속도는 오전 9시부터 정오 사이 정점을 찍은 뒤 오후 3~4시경 잠시 회복되는 이중 곡선 doublecurve 패턴을 보인다.[15]

이 리듬을 아는 사람은 하루를 설계할 때 복잡한 보고서는 오전에, 소통 중심 업무는 오후에 배치한다.

반면 리듬과 반대되는 순서로 일하면 두뇌 에너지가 빠르게 고갈되고 일의 질이 떨어진다.

고성과자들은 이 집중력의 곡선을 자연스럽게 활용한다. 그들은 오래 일하는 사람이 아니라 주의력의 흐름에 맞추어 에너지를 배분하는 사람이다.

같은 8시간을 써도 결과가 다른 이유는 시간의 양이 아니라 주의의 질 때문이다.

　당신도 하루 중 가장 집중이 잘 되는 시간을 관찰해보라. 그 시간을 '핵심 업무 시간'으로 고정하는 것만으로도 생산성과 성취감이 눈에 띄게 달라질 것이다.

계획은 '리스트'가 아니라 '약속'

　일반 직장인은 '할 일 목록'을 작성하지만 고성과자는 그것을 실행할 '시간 단위'를 확정한다. 할 일 목록to-do list이 아니라 시간 블록time block을 사용하는 것이다.

- 09:00~10:00　보고서
- 10:00~11:00　회의 준비
- 11:00~12:00　피드백

　이 방식은 중요한 일이 '자투리 시간'으로 밀려나지 않게 한다.

'속도'가 아니라 '타이밍'이다

　고성과자들은 단순히 일을 빠르게 처리하는 사람이 아니다. 그들은 언제 일을 해야 가장 큰 효과가 나는지를 아는 사람이다.

　고성과자들은 보고서를 언제 제출해야 상사가 가장 효율적으로 검토할 수 있는지, 회의에서는 어느 시점에 의견을 내야 논의가 가장 원활하게 흐르는지를 아는, 사회적 시간 감각이 뛰어나다. 탁월한 성과는 속도가 아니라 '타이밍이 맞을 때' 완성된다.

　자신의 속도뿐 아니라 조직의 리듬을 읽는 능력, 이것이 한 사람을 '혼자 일 잘하는 사람'에서 '조직이 신뢰하는 사람'으로 성장시키는 힘이다.

　고성과자는 시간을 흘려보내지 않는다. 그들은 하루의 시간을 의미의 단위로 쌓아 올린다.

시간 감각이 곧
일머리다

회사에서 "일머리가 있다"는 말은 단순히 빠르게 일하는 사람을 뜻하지 않는다. 일의 흐름을 읽고, 순서를 조직하며, 타이밍을 정확히 맞추는 사람, 이들이 바로 시간 감각이 좋은 사람, 즉 일머리가 있는 사람이다.

일머리의 본질은 '순서'

능력이 비슷해도 결과가 달라지는 이유는 '언제 무엇을 먼저 할지'를 감각적으로 구분하는 힘 때문이다. 보고서를 쓰는 순서, 이메일을 보내는 타이밍, 회의에서 발언하는 시점, 이 순서 감각이 있는 사람이 일을 주도한다.

심리학자 대니얼 카너먼[16]은 탁월한 의사결정자가 가진 특징으로 '시간적 직관temporal intuition'을 꼽았다.
즉, '지금이 판단할 때인지, 기다릴 때인지'를 가르는 능력이다.

- 시스템 1 : 빠르고 자동적인 직관
- 시스템 2 : 느리고 숙고적이며 정확한 사고

일머리가 있는 사람은 언제 속도를 늦추고 시스템 2로 전환해야 하는지 감각적으로 안다. 카너먼의 연구에 따르면 정보가 충분히 모일 때까지 기다린 뒤 판단하는 사람이 즉각적으로 결론을 내리는 사람보다 결과가 더 정확하고 일관되었다.

이 능력은 경험뿐 아니라 자기 상태를 인식하는 능력self-awareness에서 비롯된다. 피곤하고 불안할 때 성급한 판단이 늘고, 집중이 맑은 상태일 때 판단의 질이 올라간다.
즉, 생각해야 할 때와 행동해야 할 때를 구분하는 힘이 일머리의 핵심이다.

'일의 타이밍'을 읽는 사람은 실수를 줄인다

고성과자는 일을 시간의 흐름에 단순히 던져두지 않는다. '초안-검토-수정-제출'의 구조를 시간 위에 미리 배치한다.

초안-검토-수정-제출

고성과 엔지니어들의 공통점은 '작업을 시간 차원에서 구조화하는 능력'이다.[17]

그들은 각 단계에 필요한 '정보-결정-소통' 절차를 미리 설계해서 재작업을 줄이고 협업의 효율을 높인다.

일머리가 있는 사람은 보고서 방향을 미리 공유하고, 수정 시간을 확보한다. 이런 시간 배치 능력 덕에 결과물의 완성도가 올라가고 불필요한 긴장도 줄어든다.

결국 시간 감각이 뛰어난 사람은 "문제를 미리 보고" 사후 처리보다 사전 조율로 일한다.

똑같은 하루, 다른 결과

가장 중요한 차이는 두뇌 에너지의 흐름을 아는가이다.

심리학자 로이 바우마이스터 등의 연구[18]에 따르면 자기 조절력은 하루 동안 서서히 소모되는 자원이며 아침에 가장 강하다.

일머리가 있는 사람은 이 에너지를 전략적이고 고난도 업무에 먼저 배치한다.

예를 들어, 아침의 높은 집중력을 단순 반복 업무에 써버리면 가장 귀한 시간을 허비하게 된다.

이 단순한 원칙만 지켜도 "일을 잘한다"는 평판이 자연스럽게 따라온다.

정교한 시간 감각은 훈련으로 키워진다

이 능력은 타고나는 게 아니다. 누구나 훈련할 수 있다. 여기서는 일머리 관점에서 필요한 훈련 원칙을 제시한다.

- 핵심 시간대 확보하기 : 하루 중 집중이 가장 높은 시간을 파악해 그 시간대에 반드시 고난도 업무를 배치하라.

- 단계의 순서 설계하기 : 일을 맡으면 곧바로 '초안-검토-수정-제출'의 순서를 시간 위에 배치해 구조를 만든다.

- 마감 역산하기 : '마감 하루 전 제출'을 원칙으로 삼아 사전 조율 시간을 확보하라. 이는 완벽보다 '신뢰 가능한 결과'를 만드는 훈련이다.

시간 감각이란 결국 "미래의 나를 배려하는 시간 설계 능력"이다. 오늘의 선택이 내일의 부담을 얼마나 줄이는지, 그 차이를 아는 사람이 진짜 일머리가 있는 사람이다.

탁월한 성과 뒤의 공통점
– 루틴과 시간 관리

탁월한 성과를 내는 사람들은 예외 없이 '루틴'을 갖고 있다. 루틴은 단조로운 반복이 아니라 하루의 리듬을 잡아주는 자기 관리 장치다.

루틴이라는 '심리적 안정장치'

루틴은 하루의 예측 가능성을 높여 불확실성으로 인한 불안을 완충한다.[19] 일정한 패턴이 자리 잡히면 하루가 '익숙한 지도'처럼 인식되어 뇌의 경직성이 풀리고 집중력이 안정된다.

스티븐 잡스가 매일 같은 옷을 입는 이유
– 결정 피로의 경제학

바우마이스터 등[20]은 의지력은 무한한 근력이 아니라, 아침에 가장 높게 채워졌다가 하루 동안 조금씩 닳아가는 에너지라고 했다.

우리가 결정을 내리고, 충동을 누르고, 선택을 반복할수록 이 자원은 서서히 줄어든다.

그가 '결정 피로decision fatigue'라고 부른 현상도 여기서 비롯된다. 단순한 선택을 여러 번 반복한 뒤 복잡한 문제를 풀게 하면, 사람들은 평소보다 훨씬 빨리 포기하거나 충동적으로 판단한다.

사소한 선택이 많을수록 정작 중요한 판단에 쓸 여유는 줄어든다. "오늘은 무슨 옷을 입을까?"; "점심은 뭘 먹을까?" 같은 사소한 결정조차 하루의 집중력과 판단력을 잠식한다.

스티브 잡스와 마크 저커버그가 매일 같은 옷을 입은 이유도 같다. 그들은 '결정'을 줄여 의지력을 중요한 일에 남겨두는 전략을 썼다.

바우마이스터 등은 의지력이 고갈되면 사람이 즉각적 보상에 더 쉽게 흔들리고, 미루기나 감정적 반응이 늘어난다고 지적했다. 결국 문제는 의지가 약한 것이 아니라, 하루치 에너지를 어떻게 관리하느냐에 더 가깝다.

출근 준비의 순서, 아침 계획 세우기, 같은 시간에 메일함을 여는 습관처럼 반복되는 행동을 정해두면 '무엇부터 할까?'를 고민할 필요가 없다.

루틴은 두뇌를 에너지 절약 모드로 전환시키고, 결정을 줄이며 집중력을 높인다.

의지를 믿지 말고 시스템을 설계하라

성공은 번쩍이는 순간이 아니라, 매일의 작은 반복이 쌓여 만들어진다. 앤절라 더크워스Duckworth는 이를 '그릿grit'이라 불렀다.[21]

재능보다 더 강력한 예측요인, 오랜 시간 한 방향으로 계속 나아가는 힘, 그리고 그 바탕에는 늘 루틴이 있다.

높은 성취를 이룬 사람들은 감정에 흔들리지 않는다. "하고 싶을 때 하는 사람"이 아니라 "해야 할 때 하는 사람"이다.

루틴은 이 전환을 가능하게 만든다. 사소한 결정을 자동화해, 정말 중요한 일에 쓸 의지력을 남겨두기 때문이다.

'오늘 운동할까?'를 매번 고민하는 대신 '출근 전 20분 스트레칭'이 습관이 되면 그 행동은 더 이상 결심이 아니라 시작되도록 설계된 흐름이 된다.

루틴은 의지보다 시스템을 믿게 만드는 꾸준함의 뼈대다.

더크워스가 말했듯, 성공은 한 번의 폭발이 아니라 지루한 반복의 축적이다.

매일 9시에 업무 리뷰를 시작하는 습관처럼 반복되는 시간 신호는 두뇌를 자동으로 집중 모드로 이끈다. 운동선수가 경기 전에 같은 동작으로 몸과 마음을 세팅하듯, 루틴은 우리의 심리적 컨디션을 준비시키는 장치다.

루틴이 만드는 '일의 리듬'

탁월한 사람은 하루를 끝없이 몰아붙이지 않는다. 집중과 휴식의 파동이 있고, 몰입과 회복의 간격이 있다.

루틴이 있는 사람일수록 번아웃이 적고 창의성과 생산성이 높다고 한다.[22]

루틴의 목적은 많이 하는 것이 아니라, 흐름을 잃지 않는 것이다.

✏️ 루틴을 만드는 세 가지 원칙

① 시간보다 순서를 정하라

"언제 할까?"보다 "무엇 다음에 할까?"가 집중력을 높인다.
㉾ 점심 식사 직후 양치하며 오후 일정 확인

② 루틴을 최소 단위로 쪼개라

5분 루틴도 반복되면 강력해진다.
㉾ 출근 후 5분 동안 우선순위 점검

③ 루틴에 신호를 붙여라

특정 시간 · 장소 · 행동이 루틴의 출발점이 되게 하라.
㉾ 노트북을 켜는 순간 루틴 시작

루틴은 당신의 의지력을 대신해주는 두 번째 두뇌다.

지루한 반복 같아 보이지만, 그 반복이 결국 당신의 하루를 안정시키고 성과라는 큰 흐름을 만든다.

강렬한 성과는 순간이 아니라,

흔들리지 않는 리듬에서 태어난다.

CHAPTER 4

당신은 미루는 사람인가?
미루지 않는 사람인가?

미루는 패턴
파악하기

"오늘은 컨디션이 안 좋으니까 내일 해야겠다."

"이건 한 번에 몰아서 해야지."

"지금은 다른 걸 먼저 끝내야 하니까…"

이런 생각이 반복된다면 이미 미루기의 첫 단계를 밟고 있는 것이다. 우리는 게을러서 미루는 것이 아니라, 보이지 않는 감정 패턴을 따르고 있기 때문이다. 문제는 대부분 그 패턴을 알지 못한 채 살아간다는 점이다.

미루기는 행동이 아니라 '감정의 패턴'이다.

피어스 스틸Steel은 미루기를 "해야 할 일보다 지금의 감정을 우선하는 자기조절 실패"라고 설명했다.[23]

불안하거나 피로를 느끼면 우리는 중요한 보고서를 쓰기보다 이메일 정리, 커피 마시기, SNS 확인 같은 '감정 회피성 행동'에 몰두한다. 순간은 편하지만, 자기효능감이 떨어지고 다시 미루는 악순환이 반복된다. 그래서 '무엇을 미루는가'보다 '어떤 감정 때문에 미루는가'가 더 중요하다.

✏️ 미루기의 세 가지 감정 패턴

① 불안형 : "완벽하지 않으면 시작할 수 없어."

높은 기준과 실패의 두려움으로 시작을 미루는 사람.
'자기방어적 완벽주의'라고도 불린다.[24]
이들에게 필요한 건 완벽보다 작은 진전이다.

② 피로형 : "지금은 머리가 안 돌아가."

에너지 고갈이 미루기의 원인인 경우.
'잠깐 쉬자'며 스마트폰을 켜지만, 이는 회복이 아니라 뇌를 더 자극한다.
짧은 산책, 깊은 호흡, 물 한 잔 같은 주의 회복 루틴이 실제로 도움이 된다.[25]

③ 저低동기형 : "이걸 왜 하지?"

일의 의미가 흐려졌을 때 찾아오는 미루기.
외적 요구에 끌려다닐수록 내적 동기는 사라지고 행동이 멈춘다.
"이 일로 무엇이 달라질까?" 질문하며 '의미 기반 동기' 깨우기[26]

✏ 나의 미루기 패턴 지각하기

항목	예 / 아니오
1. 완벽한 결과가 아니면 시작하기 어렵다.	☐ 예　☐ 아니오
2. 일을 시작하려 하면 갑자기 다른 일이 떠오른다.	☐ 예　☐ 아니오
3. 해야 할 일을 떠올리면 몸이 무겁고 피곤하다.	☐ 예　☐ 아니오
4. 마감이 다가와야 비로소 집중된다.	☐ 예　☐ 아니오
5. 작은 일도 미루면 스트레스가 쌓인다.	☐ 예　☐ 아니오
6. "지금은 내키지 않아서…"라는 말을 자주 한다.	☐ 예　☐ 아니오
7. 상사의 평가보다 내 기준이 더 부담된다.	☐ 예　☐ 아니오
8. 끝내고 나면 "왜 미뤘지?" 하는 후회를 반복한다.	☐ 예　☐ 아니오

5개 이상 '예'라고 답했다면 자신도 모르는 사이 미루기 패턴이 생활의 일부로 자리 잡았을 수 있다.

그러나 걱정할 필요는 없다. 패턴을 인식하는 순간부터 변화가 시작된다.

패턴을 깨는 첫걸음은 '관찰'

미루기 습관을 바꾸려면, 먼저 자기 관찰자 모드로 전환해야 한다. 즉, 자동 반응에서 벗어나 지금 이 순간을 알아차리려는 노력이 필요하다.

"아, 또 미루고 있구나."
이 한순간의 자각이 뇌의 회로를 바꾸는 인지적 전환점이다. 자책할 필요는 없다. 필요한 것은 호기심이다.

"지금 내가 무엇을 피하고 있지?"
"어떤 감정이 나를 멈추게 했지?"
행동을 '문제'가 아니라 '패턴'으로 보기 시작하면 그 순간부터 선택의 여지가 생긴다.

미루기의 적은 '의지 부족'이 아니다

사람들은 흔히 "나는 의지가 약해서 그래"라고 말하지만, 연구에 따르면 미루기는 의지의 문제가 아니라 자기이해의 부족이다.[27]

내가 왜 미루는지 알게 되는 순간, 비로소 조절 가능한 영역이 생긴다.

다음 세 가지를 기억하자.

- 미루기는 감정의 패턴이다.
- 감정 패턴은 관찰로 바뀐다.
- 관찰은 지금 이 순간을 보는 것에서 시작된다.

당신이 해야 할 일은 하나다.

미루는 나를 탓하지 말고, 관찰하라.

그 순간부터 당신의 시간은 새롭게 흐르기 시작한다.

미루는 성향
자가진단 테스트

당신의 미루기 습관은 '의지력'의 문제가 아니라 패턴의 문제다. 이제 그 패턴을 객관적으로 들여다볼 차례다.

포브스 실무형 미루기 점검 5문항 Forbes, Germany, 2022[28]

다음은 독일 주간지 『포브스』에서 제안한 비즈니스 현장 중심의 미루기 점검 질문이다.

아래 문항은 회의, 이메일, 보고처럼 실제 직장 상황에서 미루기 경향을 빠르게 파악하기 위해 만들어졌다.

번호	문항
1	메일에 회신해야 하는데도, "나중에 해야지" 하고 미룬 적이 있다.
2	'오후에 집중하면 더 잘될 거야'라고 생각하며 일을 늦춘 적이 있다.
3	회의 전날 밤, 준비를 미루고 후회한 적이 있다.
4	중요하지 않은 일로 바쁘게 움직이며 중요한 일을 피한 적이 있다.
5	'조금 더 고민하면 더 나아질 텐데'라고 생각하며 보류한 적이 있다.

3개 이상 '예'라면, 당신의 미루기는 이미 직장 내 행동 습관으로 자리 잡았을 가능성이 높다. 해결책은 '더 열심히'가 아니라, 작은 루틴을 시스템으로 만드는 일이다.

패턴은 나도 모르게 반복되는 습관이고, 루틴은 내가 의식적으로 선택한 반복이다.

미루기의 정서적 촉발 요인
– 피로, 불안, 두려움

우리는 '해야 한다'는 생각을 하면서도 쉽게 시작하지 못한다. 그 순간 마음속에서 미묘하게 움직이는 감정이 있다. 바로 피로, 불안, 두려움이다.

이 세 가지는 행동을 멈추게 만드는 심리적 방아쇠, 즉 미루기의 '정서적 트리거^{trigger}'다.

피로가 만든 미루기

바쁜 하루가 끝나면 "해야 할 일"이 머릿속을 가득 채우지만 몸은 이미 '행동 불능' 상태다. 이때 우리는 흔히 자신을 탓한다.

"내 의지가 약해서 그렇지…"

그러나 바우마이스터[29] 등은 이를 '자기조절 자원 고갈'로 설명한다.

의지는 근육처럼 쉽게 피로해지고, 이 피로가 쌓이면 판단력이 떨어져 "내일 하자"라는 선택이 자동으로 나온다.

즉, 미루기는 의지 부족이 아니라 에너지 부족에서 시작될 수 있다.

이 문제의 핵심은 자기비판이 아니라 회복 루틴이다. 짧은 산책, 물 한 잔, 자리 이동, 깊은 호흡 등 미세한 움직임이 주의력을 회복시킨다.[30]

"의지는 싸우는 것이 아니라, 회복해서 유지하는 힘이다."

실패를 미리 예상하는 불안

스틸Steel[31]은 "불안은 미루기의 가장 강력한 연료"라 말했다. 불안이 높은 사람일수록 실패 가능성을 먼저 상상한다.

'틀리면 어떡하지?', '상사가 실망하겠지…'

이런 생각은 편도체를 자극해 전전두엽의 판단을 억제한
다.[32] 그 결과 생각은 많아지고 행동은 멈춘다.

불안형 미루기는 완벽함을 버리고 명확함을 선택할 때 줄
어든다. 그러므로 과제를 '작은 단위'로 쪼개면 된다.
'자료 전체 수정하기' 대신 '슬라이드 제목만 정리하기.'
불안이 작아질수록 행동에 가까워진다.
"불안은 미래를 걱정하게 만들지만, 행동은 지금을 움직
인다."

완벽주의의 본명, 평가의 두려움

미루는 마음 가장 안쪽에는 '평가받는 것'에 대한 두려움
이 있다. 카렌 호나이 Horney 는 이를 "비난받을 위험을 피하
기 위한 회피"라고 설명했다.

많은 사람들은 실패 자체보다 '평가당하는 자기 자신'을
두려워한다. 특히 완벽주의적 성향일수록 이 감정이 강하다.
보고서를 제출하기 직전 "조금만 더…" 하며 시간을 끄는
것도 종종 '개선'이 아니라 '회피'다. 결과를 내는 순간 평가

가 따라오기 때문이다.

기준을 낮추라는 말이 아니다. 평가의 기준을 바꿔라. '잘했냐 / 못했냐'가 아닌 '끝냈냐 / 안 끝냈냐.'

브레네 브라운Brown[33]은 "취약함을 드러내는 순간, 용기는 자란다"고 말한다. 작은 결과라도 내보이는 순간 두려움은 줄고 자기통제감은 커진다.

감정 트리거를 알아차리는 훈련

피로, 불안, 두려움은 서로 얽혀 미루기를 강화한다. 그래서 단일 감정보다 지금 내 안에서 가장 강한 감정을 알아차리는 것이 중요하다.

미루고 싶을 때 스스로에게 질문하라.

"나는 지금 지쳐서 미루는가,

불안해서 미루는가, 두려워서 미루는가?"

이 한 문장이 무의식적 미루기를 의식의 영역으로 옮기는 전환점이 된다.

미루기를 멈추는 첫걸음, 감정을 다뤄라

피로는 에너지의 문제, 불안은 생각의 문제, 두려움은 자기 인식의 문제다.

따라서 미루기를 멈추는 첫걸음은 의지를 키우는 것이 아니라 이 세 감정을 정확히 알아차리고 다루는 것이다.

"당신이 감정을 다루면,

시간은 자연스럽게 따라온다."

시간 사용
분석해보기

"오늘 하루, 나는 어디에 시간을 썼는가?"

이 질문에 즉답할 수 있는 사람은 거의 없다. 대부분 '하루 종일 일했다'고 느끼지만, 실제로는 생산적 시간과 소모적 시간이 뒤섞여 있다. 자신의 시간 패턴을 보지 못하면, 늘 바쁜데도 성과 없는 일종의 시간 착각의 함정에 빠진다.

"나는 시간을 잃고 있다"는 신호들

아래 패턴이 반복된다면, 당신의 시간은 이미 '무의식적 소비' 상태일 가능성이 높다.

- 일을 시작하기 전, 습관적으로 SNS를 확인한다.

- 회의 준비보다 회의 중 대화에 더 많은 시간을 쓴다.

- 업무 중간에 들어온 메시지에 즉시 반응한다.

- 하루가 끝나면 "오늘 뭐 했지?"라는 공허함이 느껴진다.

- 바쁘게 보냈지만 핵심 목표는 진척되지 않았다.

이 신호는 지금 당신은 급한 일에만 쫓기고, 정작 중요한 일은 계속 뒤로 미루고 있음을 의미한다.

스티븐 코비Covey가 나눈 시간의 4영역

스티븐 코비[34]는 시간을 다음 네 영역으로 구분했다.

구분	예시	결과
1. 중요하고 긴급한 일	마감, 위기 대응	스트레스 ↑
2. 중요하지만 긴급하지 않은 일	전략, 학습, 관계 구축	성장 ↑
3. 긴급하지만 중요하지 않은 일	전화, 요청, 보고	피로 ↑
4. 중요하지도 긴급하지도 않은 일	SNS, 불필요한 대화	시간 낭비

고성과자는 대부분의 시간을 2번 영역에 쓴다.

반면 미루는 사람은 3번과 4번 영역에서 시간을 잃는다.

시간 로그^{Time Log} 작성하기

시간 패턴을 보려면 기록이 필요하다. 기록은 시간 관리를 넘어, 자기인식의 출발점이다.

기록 방법

- 일주일 동안 하루 3번(오전 · 오후 · 저녁), "지금 나는 무엇을 하고 있었는가?"를 5분 이내로 기록한다.
- 업무, 회의, 이메일, 잡담, SNS, 휴식 등으로 분류한다.

시간대	주요 활동	감정 상태	중요도
09:00~10:00	이메일 확인	업무 정리, 약간 긴장	중간
10:00~12:00	보고서 작성	핵심 업무, 몰입	높음
13:00~14:00	회의 참석	피드백, 피로	중간
14:00~15:00	SNS 확인, 잡담	회피, 지루	낮음
15:00~17:00	프레젠테이션 준비	성과 중심, 집중	높음

일주일만 기록해도 '나는 언제 집중하고, 언제 흐트러지는
가'가 선명하게 드러난다.

분석 포인트

- 집중도가 가장 높은 시간대는 언제인가?
- 방해 요인은 무엇인가?
- 중요한 일과 긴급한 일의 비율은?
- 몰입 후 피로 회복 루틴은 존재하는가?

데이터가 쌓이면 당신의 시간 사용은 감感이 아니라 근거
가 된다. 이 근거를 기준으로 조정할 수 있다.

시간의 '심리적 누수'를 찾아라

시간은 단순히 낭비되기보다, 심리적 에너지가 새는 지점
에서 빠져나간다. 대표적인 누수 포인트는 세 가지이다.

- 감정 반응형 행동 : 스트레스를 받으면 휴대폰을 즉시
  확인한다.

- 무의식적 멀티태스킹 : 여러 일을 동시에 하다 효율이 떨어진다.
- 즉흥적 일정 변경 : 즉석 요청에 끌려다닌다.

이 세 가지는 자기조절 피로를 높이고, 결국 "시간이 없다"는 체감을 강화한다.

- 휴대폰 확인 : 하루 5회 이내로 제한
- 방해금지 시간 설정 : 예 1시간
- 알림 최소화

위 세 가지를 일주일만 실천해도 집중의 밀도가 달라진다.

양보다 질, 시간 관리의 재정비

시간 관리의 핵심은 시간을 줄이는 것이 아닌 시간의 질을 높이는 것이다.

대니얼 카너먼kahnerman[35]은 "인간은 시간의 실제 흐름보다 체감 가치에 따라 시간을 왜곡해 인식한다"고 했다. 보람 있

는 일에 쓴 1시간은 길게 느껴지고, 의미 없는 1시간은 순식
간에 사라진다.

따라서 목표는 명확하다.

시간을 쌓는 것이 아니라,
시간을 '유용하게 쓰는 것'.

"시간은 통제할 수 없지만, 어디에 사용할지는 언제나 선
택할 수 있다."

매일 아침의 첫 선택이
인생을 바꾼다

하루의 시작은 인생의 축소판이다. 아침에 어떤 선택을 하느냐가 그날의 집중력, 일의 리듬, 그리고 자기 신뢰의 수준을 가른다.

미루기의 출발점은 '아침 첫 30분'

바우마이스터 등[36]은 의지력을 '근육'에 비유하며, 하루 중 아침이 자기조절력이 가장 강한 시간대라고 설명했다. 전전두엽이 활발히 작동하는 이 시간은 계획, 선택, 집중이 가장 잘 되는 '황금 구간'이다.

그러나 많은 사람이 이 소중한 30분을 SNS, 이메일, 뉴스 스크롤에 쓴다. 이렇게 뇌의 주의력 회로가 '수동 모드'로 전환되면 하루 전체가 반응형으로 흘러간다.

아침의 첫 선택이 하루의 방향을 만든다. 이 시간을 주도적인 행동으로 채우면, 그날의 집중력은 확연히 달라진다.

"오늘의 첫 일", Task #1 정하기

바쁜 직장일수록 아침은 흐트러지기 쉽다. 그래서 더 필요하다. '내가 선택한 첫 일Task #1'을 정해두는 습관.

작은 진전이 하루의 몰입과 만족감을 크게 높인다.[37] 즉, 아침 9시에 해야 할 일은 메일함을 여는 것이 아니라 오늘의 핵심 한 가지를 결정하는 일이다. 이것이 하루를 '반응'에서 '창조'로 바꾼다.

출근 전 5분, 오늘 꼭 끝낼 한 가지를 적어두고, 오전 10시 이전에 처리한다.

이 작은 실천이 하루의 절반을 이미 성공으로 만든다.

'작은 행동'이 하루를 움직인다

작은 행동이 큰 변화를 만든다.[38] 뇌는 거대한 계획보다 짧고 구체적인 행동 단서에 더 강하게 반응한다.

- 컴퓨터를 켜면 '오늘의 첫 일'을 적는다.
- 커피를 내리면 오늘의 우선순위를 10초 떠올린다.
- 첫 이메일 확인 전에 '해야 할 일 3가지'를 확인한다.

이처럼 아침 루틴을 구조화하면, 뇌는 자동으로 '시작 모드'로 전환된다.

미루지 않는 사람들의 아침

탁월한 성과자들의 특징은 단순하다. 아침에 내려야 할 '결정'을 최소화하는 것. 옷차림부터 업무 시작까지의 과정을 루틴화하여, 하루의 첫 에너지를 가장 중요한 일에 쏟는다.

결정 자동화는 생산성을 높인다.[39] 매일 아침 "무엇부터 하지?"를 고민하는 순간, 이미 정신 에너지는 소모되고 있다.

자기효능감을 키우는 '첫 10분 성공 경험'

심리학자 앨버트 밴듀라Bandura[40]는 자기효능감을 "나는 해낼 수 있다"는 믿음이라 정의했다. 이 믿음은 반복된 작은 성공 경험에서 생긴다.

아침마다 5~10분이면 끝낼 수 있는 일을 하나 완수하라. 메일 한 통 정리, 슬라이드 제목 정리, 회의 노트 정리 등이면 충분하다.

이 짧은 완수감이 뇌에 시동을 건다.
"시작하면 끝낼 수 있다."
이 신호가 미루지 않는 사람들의 내면 구조다.

✏️ 하루를 바꾸는 아침 루틴 3단계

① 정리하라

자리에 앉자마자 오늘의 주요 업무를 3분간 적는다.
→ 두뇌의 혼란이 줄고 집중 포인트가 잡힌다.

가장 중요한 일 한 가지(Task #1)에 표시한다.
→ 우선순위가 선명해지고 실행력이 높아진다.

메일을 열기 전에 그 일을 10분만이라도 시작한다.
→ '시작' 그 자체가 심리적 승리다.

인생을 바꾸는 건 거대한 결심이 아니다

아침마다 "조금 있다가…"라는 말로 하루를 열면, 그 '조금 있다가'가 일주일, 한 달, 그리고 1년이 된다.

인생의 방향은 커다란 결심이 아니라 아침의 작은 선택이 만든다.

"당신의 인생은 아침 30분이 결정한다."

그 시간을 주도하는 순간, 이미 미루지 않는 사람이 된 것이다.

PART 2

미루는 습관 그만두기

게으름을 넘어선 마음의 메커니즘

CHAPTER 5

일을 미루는 사람들, 그들의 '진짜' 심리

미루기의 심리학
– 왜 자꾸 피하고 싶을까

해야 할 일이 산더미 같은데 손에 잡히는 건 하나도 없다. 팀장은 오늘까지 보고서 초안을 독촉하고, 협업 부서의 마감 기한은 코앞이다. 쏟아지는 결재 요청을 몇 건 처리하다 보니 어느새 오전이 다 갔다.

여러 창을 동시에 열어두고 분주히 움직였지만 정작 마침표를 찍은 일은 없다. 화면 가득 미완성 문서들만 어지럽고, 마음속엔 '아직도 끝내지 못했다'는 압박감이 돌덩이처럼 짓누른다. 이 긴박함은 역설적으로 우리를 자꾸만 다른 일로 도망치게 만든다.

머리로는 무엇을 해야 할지 알고 있지만, 손길은 자꾸만 엉뚱한 곳을 향한다. 왜 이 익숙한 악순환이 반복되는 걸까? 그 미루기 습관 뒤에 숨겨진 네 가지 심리적 흐름을 짚어 보자.

우선순위가 없는 바쁨

여러 업무가 동시에 몰려올 때, 우리는 중요도와 시급성을 구분하기보다 눈앞에 있는 일부터 손대는 경향이 있다.

보고서를 쓰다가 메신저 답장을 하고, 답장을 하다 이메일을 보내고, 이메일을 쓰다 발표 자료를 건드리는 식이다. 하루는 정신없이 지나가지만, 진짜 중요한 일은 오히려 손도 못 댄다.

바쁜데도 진척이 없고, 마음만 더 조급해지는 이유가 여기에 있다.

우선순위 없는 바쁨은 일보다 마음을 더 지치게 만든다.

따라서 이 경우 필요한 것은 '더 열심히'가 아니라 '무엇을 먼저 할지 정하는 기술'이다.

산만함과 집중력 저하

"집중이 안 된다"는 말에는 대부분 깊은 피로가 숨어 있다.

휴대폰 숏폼을 끊어내야겠다고 다짐하는 이유도 결국, 한 번 집중이 끊어지면 다시 몰입하는 데 너무 많은 에너지가 든다는 것을 스스로 알고 있기 때문이다.

실제로 하나의 업무에서 다른 업무로 전환할 때마다 뇌는 큰 비용을 치른다.

이 '전환비용' 때문에 생산성 손실이 최대 40%까지 커질 수 있다는 연구도 있다.

여러 일을 동시에 건드리면 순간적으로 능률이 오른 듯 보이지만, 결국 완성도는 떨어지고, 하루가 끝나면 '이렇게 바빴는데 왜 한 게 없지?'라는 피로감만 남는다.

산만함은 게으름이 아니라 보이지 않는 누수다.

이때는 한 번에 한 가지에 몰입할 수 있는 환경을 만들어야 한다.

불안에서 도망치기

중요한 일을 미루면 불안이 밀려온다. 이때 계획을 세우면 마음이 조금 조용해진다. 해야 할 일이 눈앞에 정리되며, 해낸 듯한 착각이 작은 보상을 주기 때문이다.

문제는 바로 그 '작은 보상'이다. 불안이 달래진 만큼 실행의 동력은 약해지고, 행동은 자연스럽게 뒤로 밀린다. 또한 계획만 세워두면 실패할 일이 없다. 나중에 결과가 기대에 못 미쳐도 "시간만 있었다면…"이라는 말 한 줄로 자존심을 지킬 여지가 남는다.

결국 미루기는 불안을 줄여주면서 동시에 자존심도 지켜주는 묘한 심리적 피난처가 된다. 그러나 이 피난처에 오래 머물수록 현실과의 간극은 더 커진다. 이제 이 작은 안도감에서 멈추지 않고, 그것을 행동의 출발점으로 전환하는 전략이 필요하다.

번아웃이 보내는 조용한 신호

때로 꾸물거림은 시간 관리의 실패가 아니라, 에너지가 바닥났다는 신호이다.

몸이 지치면 움직일 힘을 잃는다. 마음이 과부화되면 시작 자체가 위협처럼 느껴진다.

해야 할 일은 있는데, 몸과 마음이 물먹은 솜처럼 가라앉는다.

여기에 '나는 원래 잘 못해' 같은 자기 비난이 겹치면 의욕은 순식간에 꺼진다. 실패 경험이 반복되면 '어차피 안될 것'이라는 만성적인 무력감이 자리 잡는다. 그래서 시작을 미루는 것이 가장 안전한 선택처럼 느껴진다.

이런 패턴은 태만이 아니라 심리적 토양이 척박해졌다는 증거다. 무기력, 자기 비난, 두려움이 서로를 강화하며 꾸물거림을 키운다.

토양이 척박하면 어떤 좋은 기술을 가져와도 뿌리가 내리지 않는다.

에너지를 회복하고, 자기 평가 방식을 조정하고, 실패가 두렵지 않은 안전망을 만드는 것이 먼저다.

자책이 낳은 꾸물거림

우선순위의 혼란, 산만한 전환, 불안을 피하려는 마음, 번아웃이 뒤엉켜 만들어낸 복합적인 심리현상이다.

'의지가 약해서 미룬다'는 단순한 설명으로는 결코 충분하지 않다.

이 현상을 바로 이해하는 순간, 미루기를 해결하는 열쇠가 생긴다. 문제의 정체를 알고 나면, 비로소 자신을 탓하는 마음에서 벗어나 현실적인 해법을 찾아갈 수 있다.

해야 할 일 앞에서
뇌는 어떻게 반응하는가?

업무가 주어지면 우리 뇌는 조용하지만 분주하게 움직인다. 집중력을 끌어올리고, 경험 위에 새로운 지식과 정보를 재배열한다. 결국 '미루지 않는 실행력'은 우리 뇌의 인지 기능이 얼마나 잘 협업하느냐에 달려 있다.

'해야 하는 건 알지만 몸이 움직이지 않는' 꾸물거림은 우리 뇌의 인지 기능이 얼마나 쉽게 비이성적으로 흐르는지를 보여주는 단면이다. 여기에는 도파민과 같은 신경전달물질과 감정을 조절하는 뇌 영역, 그리고 실행을 담당하는 기능들이 복잡하게 얽혀 있다.

도파민을 멈추는 '부정적' 예측

도파민은 보상과 동기, 그리고 학습을 이끄는 우리 몸의 엔진 신호와 같다. 중요한 점은 도파민 자체가 즐거움 그 자체는 아니라는 사실이다.

먼저 기분 좋은 경험이 선행되고, 그 기억이 도파민 회로를 깨우면 "그 느낌을 다시 얻고 싶다"는 강력한 열망이 생긴다. 이 과정이 반복되면 뇌에 '보상회로'가 자리 잡는다. 우리가 무언가에 깊이 몰입하거나 중독되는 것은 이 회로가 극단적으로 작동한 결과다.

반대로 직장인의 고질병인 '꾸물거림'은 이 보상 회로가 제대로 작동하지 않을 때 발생한다. "이 일을 끝내면 정말 뿌듯할 거야"라는 기대감이 있으면 도파민 회로가 힘차게 돌아가지만, "해봤자 괴롭기만 할 거야"라거나 "결과가 안 좋을 거야"라는 부정적인 생각을 하면 회로는 멈춰버린다.

결과에 대한 막연한 불안감이 도파민을 멈추게 하고, 행동의 엔진을 헛돌게 만들기 때문이다.

지휘자를 마비시키는 비상벨

우리 뇌에는 계획을 세우고 감정을 조절하는 '지휘자'인 전전두엽과 불안과 공포를 감지하는 '비상벨'인 편도체가 공존한다. 업무를 차분하게 파악하고 실행에 옮기려면 이 둘의 균형 있는 협력이 필수적이다.

문제는 직장 생활에서 편도체가 필요 이상으로 자주 비상벨을 울린다는 점이다.

스스로에 대한 확신이 부족하거나 불안한 상태라면, 단순히 '할 일이 쌓여 있다'는 사실만으로도 편도체는 과잉 반응한다. 상황을 냉철하게 분석하기도 전에 불안이 먼저 몰려오고, 지휘자인 전전두엽의 기능은 일시적으로 마비된다.

그 순간 뇌는 "일단 멈춰!"라고 외치며 정지 상태에 빠진다.

실행력의 핵심 발판

뇌는 복잡함을 밀어내고 단순함을 지향한다. 하지만 업무를 미루고 싶을 때, 우리의 뇌는 정반대로 작동한다.

불안과 부정적인 예측이 커지면 해야 할 일을 과도하게 복잡하게 만들기 시작한다. 몇 단계면 충분할 일을 수십 갈래로 부풀리고, 당장 시작하면 될 일을 거대한 장벽처럼 느끼게 한다. 엑셀의 기초 기능만 익히면 되는데 매뉴얼 전체를 외워야 한다는 압박감을 스스로에게 주어 뇌의 과부하를 초래한다.

꾸물거림을 멈추고 안정적으로 성과를 내려면, 뇌가 감당할 수 있는 수준으로 환경을 정리하고 인지적 과부하를 조하다.

  일의 무게를 덜어내고 마음의 잡음을 낮추는 것, 그것이
실행력의 핵심 발판이 된다.

감정 회피와
자기방어로서의 미루기

우리의 쾌락이나 공포와 같은 강렬한 감정은 뇌의 작동을 흔들어 이성을 흐리게 만든다. 그리고 이러한 꾸물거림의 이면에는 불안이 자리 잡고 있다.

불안은 우울과 더불어 가장 흔한 기분 장애다. 우울이 마음을 가라앉히는 방향으로 작용한다면, 불안은 몸과 생각 전반에 과도한 각성을 일으킨다. 일을 맡으면 차분하게 살펴야 하지만, 불안은 감각을 지나치게 예민하게 만들고 시야를 좁힌다.

불안을 만드는 미루기의 구조

많은 사람은 스스로가 필요 이상으로 불안해한다는 사실을 알고 있다. 그러나 이를 조절하는 일은 생각보다 쉽지 않다. 결국 감정 하나 제대로 다루지 못한다는 자책이 더해지면서 고통은 더욱 커진다.

하지만 이유 없는 불안은 없다. 다만 그 이유가 현재의 상황에는 도움이 되지 않을 뿐이다. 처음 불안을 느꼈을 때는 분명한 원인이 있었고, 그 감정은 공포였다. 공포는 그 자체로 강한 처벌이기 때문에 사람은 이를 다시 경험하지 않기 위해 해당 상황을 회피하려 한다. 그리고 회피를 통해 당장의 공포를 피하면, '적어도 지금은 덜 불안하다'는 경험이 강화되면서 회피 행동이 굳어진다.

지속적으로 성공만 경험한 사람보다, 오히려 실패의 기억이 또렷한 사람이 더 쉽게 미루는 경향을 보인다. 노력했지만 기대에 미치지 못했던 순간, 그로 인해 창피함이나 곤란을 겪었던 경험, 혹은 냉정한 평가를 받았던 기억은 크고 작은 형태로 남는다. 그것이 승진 누락과 같은 큰 상실이었든, 내면에 남은 수치심이었든, 이러한 실패의 기억은 불안을 만들고, 불안은 다시 회피를 낳는다.

스스로 핸디캡을 씌우는 자기불구화

일을 미루면 당장의 불안을 마주하지 않아도 되는 효과가 있다. 이는 '과거의 실패가 다시 반복될지 모른다'는 공포에서 잠시 벗어나게 해준다. 그래서 사람들은 역경을 감수하며 성장하는 길보다, 다소 위축되더라도 안전하다고 느껴지는 선택을 하게 된다.

심리학에서는 이러한 방식을 '자기불구화*self-handicapping*'라고 한다. 스스로에게 핸디캡을 부여함으로써 실패의 가능성을 사전에 낮추려는 전략이다.

자기불구화는 다양한 형태로 나타난다. 일을 미루거나, 결과를 타인이나 상황 탓으로 돌리거나, 반복적으로 컨디션을 이유로 내세우기도 한다. 때로는 일부러 일을 비효율적으로 처리하며 정작 중요한 과제에서 거리를 두기도 한다.

완벽을 향할수록 커지는 불안

실패 경험은 자책으로 이어지고,

자책은 부족함을 메우려는 충동을 낳는다.

이 충동이 건강하게 작동하면 역량 개발이나 피드백 수용으로 이어진다. 그러나 많은 경우 사람은 더 극단적인 방향을 택한다. 완벽해야만 가치 있는 존재라는 믿음을 갖게 되는 것이다.

이 믿음은 주로 어린 시절 형성된 '조건부 가치' 인식에서 비롯된다. 좋은 성과를 내야 인정받을 수 있고, 흠이 없어야 사랑받을 수 있다는 경험이 축적되면서 완벽주의로 이어진다. 그 결과 '부족하면 존재 가치도 부족하다'는 불안이 강화된다.

문제는 완벽이라는 목표가 애초에 도달할 수도, 지속할 수도 없는 상태라는 점이다. 아무리 일을 정교하게 마무리해도 마지막 순간 변수는 언제든 등장할 수 있다. 외부 환경의 변화, 예상치 못한 요구, 조직 내 흐름의 변화 등은 통제할 수 없는 요소다.

 완벽을 추구할수록 불안은 줄어들지 않고 오히려 증폭된다.

생각 · 말 · 행동이 어긋날 때의 대가

"해야 한다. 내일은 반드시 한다. 조금만 쉬고 시작한다."

이러한 다짐이 반복되지만 행동이 뒤따르지 않을 때, 자존감은 점차 손상된다. 자기 개념은 자신을 어떻게 인식하고 평가하는지에 대한 내적 총합으로, 자존감과 자기효능감, 자기 이미지까지 포함한다.

자기 개념은 타인의 평가뿐 아니라 스스로를 어떻게 관찰하는가에 의해 크게 영향을 받는다.

생각, 말, 행동이 일치하지 않을 때 사람은 스스로에게 가장 엄격한 평가를 내린다. '게으르다', '의지가 부족하다', '신뢰할 수 없다'와 같은 자기 판단은 자존감을 약화시키고 자기효능감을 떨어뜨리며, 다시 불안을 강화하는 악순환을 만든다.

회피라는 갑옷을 벗는 과정

겉으로 보면 꾸물거림은 계획이나 시간 관리의 문제처럼 보인다. 그러나 그 근원을 들여다보면 훨씬 더 본질적인 불안의 문제다. 불안에는 나름의 이유가 있지만, 과거의 공포를 현재의 상황에 그대로 적용하는 것은 현실적인 도움이 되지 않는다.

불안을 조절하기 위해서는 더 강한 의지나 더 촘촘한 계획을 세우는 것보다, 먼저 회피라는 방식을 인식하고 내려놓는 과정이 필요하다. 익숙하지만 비효율적인 방어를 벗어나, 현재 상황에 맞는 새로운 대응 방식을 선택해야 한다.

이 과정을 통해 우리는 비로소 꾸물거림의 반복에서 벗어나기 시작할 수 있다.

미루기의
내면 삼각지대

꾸물거림에는 늘 '습관'이라는 말이 그림자처럼 따라붙는다. 어쩌다가 한두 번 미루는 것이라면 문제될 게 없겠지만, 꾸물거림은 대개 만성적인 형태로 나타난다.

조직의 리더가 미루기 시작하면 그 영향은 마치 시한폭탄과 같다. 책임이 커질수록 미루는 습관의 타격은 깊어지고 넓어진다.

꾸물거림을 만드는 심리적 배경

습관은 하루아침에 만들어지지 않는다. 특정 상황에서 느끼는 감정과 생각, 행동이 반복되면서 하나의 흐름이 되고, 그것이 굳어 습관이 된다. 알프레드 아들러Adler가 말했듯, 심리를 바꾸려면 생활방식 전체가 함께 달라져야 한다.

결국 꾸물거림을 바꾸려면, 그 습관이 자라난 심리적 배경부터 살펴야 한다.

예를 들어, 정서적으로 결핍을 경험한 사람은 순간적인 위로나 자극에 쉽게 끌릴 수 있다. 이는 당장의 공허를 채워주지만, 장기적으로는 안정적인 삶을 방해한다.

결국 습관은 그 사람의 심리적 토양 위에 자란다.

고갈된 에너지가 만드는 미루기

무기력은 흥미와 즐거움이 사라진 상태다. 더 깊어지면 삶 전체가 무의미하게 느껴진다. 예전에는 즐겁던 일도 더 이상 힘이 되지 않고, 사람이나 경험에도 마음이 움직이지 않는다.

자기결정성 이론[41]이 말하듯, 누구나 자율성과 의미를 바탕으로 일할 수 있다면 좋겠지만 현실은 그렇지 않다.

직장인은 일 자체보다 그로 인해 얻는 보상이나 의미로 버틴다. 그런데 이런 보상마저 느껴지지 않으면 에너지는 빠르게 소진된다. 여기에 번아웃까지 더해지면, 작은 일조차 시작하기 어려워지고 미루기가 자연스러운 상태가 된다.

일이 곧 '나'가 될 때

사람은 여러 역할로 이루어진 존재다. 하지만 자신을 오직 '일'로만 정의하면 문제가 생긴다.
일이 잘 안 풀릴 때, 존재 전체가 흔들리는 것처럼 느껴지기 때문이다.

이 경우 미루기는 단순한 행동 문제가 아니라, 실패에 대한 두려움에서 비롯된 회피가 된다.

반대로 삶의 여러 영역에 자신을 나누면, 한쪽이 흔들려도 다른 부분이 균형을 잡아준다.

자기비난이 만드는 악순환

미루는 동안 사람은 스스로를 평가한다.
"또 미뤘네."
"나는 왜 이럴까."

이런 생각이 반복되면 '게으르다', '의지가 없다'는 식의 자기낙인이 생긴다.
자기비난은 행동할 힘을 약하게 만들고, 결국 다시 미루기로 이어진다.

꾸물거림의 악순환 구조

무기력, 일에 대한 과도한 동일시, 자기비난은 서로 연결되어 미루기를 반복시키는 구조를 만든다.

에너지가 떨어지면 일을 미루고, 미루면 스스로를 비난하게 된다. 그 비난은 자신감을 떨어뜨리고, 다시 무기력을 키운다. 이 과정이 반복되면서 작은 일조차 시작하기 어려워진다.

그 바탕에 있는 심리 상태를 이해하고 바꾸는 것이 먼저다.

꾸물거림은
게으름이 아니다

우리 사회는 심리적 어려움을 개인의 성격과 기질에 결부시키는 경향이 강하다. 우울은 소심해서 생기고, 불안은 예민해서 생기며, 꾸물거림은 게을러서 생긴다고 믿는다.

그러나 이는 심리건강에 대한 문해력 부족, 나아가 집합주의 문화에서 비롯된 오해다.

'유별남'이 '자기비난'을 부추기는 사회

집단의 조화를 위해 개인의 '특이함'을 문제 삼는 문화에서는 우울, 불안, 꾸물거림을 복합적 현상이 아닌 '유별남'

으로 처리하기 쉽다. 그 결과, 꾸물거리는 사람은 자연스럽게 자기비난을 배운다.

세계가 인정하는 한국인의 끈기와 성실함은 역설적으로 '성실하지 못한 상태'에 대한 엄격한 잣대가 된다.

꾸물거림의 복잡한 심리적 배경을 제대로 이해하지 못한 채 이를 단순한 '게으름'으로 일축하는 순간, 미루는 습관이 있는 사람은 더 깊은 수렁에 빠진다.

게으름의 프레임을 걷어내는 법

게으름이라는 프레임을 씌우면, 그 사람은 더 움츠러들고, 더 불안해지고, 결국 더 미루게 된다.

조직에서도 직원을 게으르다고 규정해 압박하면, 그 사람은 회복할 발판을 잃는다. 긴장이 커지고 위축되어 생산성은 떨어지고, 조직 전체가 손해를 본다.

그 대신, 꾸물거림을 참여의 문제로 보고 그 사람을 일 안으로 다시 끌어들이는 접근이 필요하다.

그 핵심은 성격을 탓하는 것이 아니라, 일을 시작하기 쉬운 환경과 경험을 만들어주는 것이다.

명확한 지시, 작은 격려 한마디, 과정 중심 피드백, 부족함보다 개선 가능성에 초점을 맞춘 평가, 이것들은 게으름이라는 낙인보다 훨씬 효과적이다.

사람은 '잘할 수 있다'는 느낌을 줄 때 움직인다.

변화의 원동력, '자기이해'

많은 사람이 충격요법을 쓰면 정신을 차리고 바뀔 거라 오해한다. 그러나 인간의 마음은 그렇게 움직이지 않는다.

목표 체중을 제시하여 다이어트를 강제하거나, 성적을 비교해 열등감을 자극하는 방식은 단기적으로는 효과가 있어 보일지 몰라도, 결국 사람을 흔들고 약화시킬 뿐이다.

알프레드 아들러[42] 역시 처음에는 '열등감 극복'이 인간의 추진력이라고 보았지만, 후기에 이르러 그 방식이 우월감 추구라는 부작용을 낳을 수 있다고 지적했다.

결국 사람을 변화시키는 힘은 비난이 아닌 이해다.

칼 로저스[Rogers][43]가 말했듯, 인간은 조건 없는 긍정적 존중을 경험할 때 가장 큰 변화의 동기를 갖는다. 따뜻한 이해는 자존감을 회복시키고 행동을 일으키는 힘을 준다.

그리고 그 이해가 타인의 이해가 아니라 '자기 자신에 대한 이해'가 될 때, 변화는 더 견고해진다. 타인의 인정은 변하기 쉽지만, 자기이해는 스스로 회복 가능한 자원이다.

행동 밑에서 돌아가는 심리적 톱니바퀴

꾸물거림을 게으름으로 단순화하면 심리적 원인을 놓치고, 무엇보다 사람마다 꾸물거림이 전혀 다른 모습으로 나타난다는 사실을 보지 못한다.

꾸물거리는 사람이 모두 누워만 있다고 생각하면 오해다. 꾸물거림 뒤에는 불안, 과도한 완벽주의, 과신, 관계적 긴장, 과잉 현실 해석 등이 복잡하게 작용한다.

누군가는 완벽주의 때문에 일을 과도하게 확대해석해 시작을 못 한다.

누군가는 능력을 과신해 '괜찮겠지' 하다 시간에 쫓기며 일을 미룬다.

누군가는 조직 내의 보이지 않는 관계 갈등 때문에 손이 떼이지 않는다.

겉으로 보기엔 전혀 다른 사람처럼 보이지만, 그 중심에는 '지금 당면한 일을 바로 마주하기 어려운 심리적 이유'라는 공통점이 있다.

따라서 꾸물거림을 이해하려면, 표면의 행동이 아니라 그 밑에서 돌아가는 심리적 톱니바퀴를 함께 보아야 한다. 그래야만 유형별 공통 원인과, 각 유형에게 필요한 개입 지점을 정확히 짚어낼 수 있다.

꾸물거림 유형별 체크리스트 및 솔루션 플래너

✏️ 네 가지 유형 자가진단 체크리스트
(* 유형별 4개 이상 선택 시 해당. 단, 중복 체크 가능)

① 완벽주의형 – "준비하다 시간을 다 쓴다"

- [ ] 실행 전에 자료부터 지나치게 많이 모은다.
- [ ] '준비가 더 필요하다'는 느낌이 들면 시작하기 어렵다.
- [ ] 기준이 비현실적임을 인지하면서도 쉽게 조정하지 못한다.
- [ ] 중요한 프로젝트일수록 시작을 미루며 스트레스를 받는다.
- [ ] 모든 문장 · 파일 · 요소를 완벽하게 맞추려고 한다.
- [ ] 평가 상황이 임박할수록 최종 마무리를 지연시키는 경향이 있다.

② 자기과신형 – "마감 직전이 가장 창의적이다(?)"

- [ ] 일의 규모를 대충 줄여서 판단한다.
- [ ] 마감 기한이 있어야 비로소 행동한다.
- [ ] 시간이 남으면 여가 · 취미부터 챙긴다.
- [ ] 일머리는 있다는 말을 자주 듣는다.
- [ ] 중간 보고를 잘 하지 않는다.
- [ ] 장기 프로젝트나 여러 사람과 협업하는 일이 힘들다.

③ 감정기복형 – "기분이 곧 컨디션이고 성과이다"

- ☐ 기분이 좋으면 일이 술술 진행된다.
- ☐ 마음이 불편하면 어떤 일도 손에 잡히지 않는다.
- ☐ 감정이 곧 '신호'라고 믿고 의미를 많이 부여한다.
- ☐ 날씨, 대화, 사소한 사건에 따라 일의 속도가 크게 달라진다.
- ☐ 어제 익힌 효율적인 습관이 오늘까지 지속되지 않는다.
- ☐ 사적 감정을 업무로, 업무 감정을 집으로 자주 옮겨온다.

④ 외부핑계형 – "환경이 문제라고 믿는다"

- ☐ 일을 시작하기 전에 단점부터 먼저 보인다.
- ☐ 팀 · 조직 · 환경의 문제점을 너무 정확하게, 빠르게 찾는다.
- ☐ 일 못한 이유를 설명하는 데 능숙하다.
- ☐ 불만이 비슷한 사람들과 쉽게 뭉치곤 한다.
- ☐ 조직에서 소외감을 느낄 때가 많다.
- ☐ 집 · 직장 · 관계 등 전체 삶을 비관적으로 보는 경향이 있다.

✏️ **유형별 핵심 솔루션 요약표**

유형	주요 문제	핵심 솔루션	기억하기
완벽주의형	착수 지연, 과도한 준비	준비를 반으로 줄이고 즉시 시작	"반만 준비하고 시작하라."
자기과신형	시간 과소추정, 즐거움 우선	일을 먼저 열어보고 구조 파악	"일단 파일을 열어라."
감정기복형	감정의존적 행동	'일하는 어른과 자유 아이' 모드 전환	"감정은 흘려보내고 행동 먼저."
외부핑계형	환경 탓, 거리두기	문제 해결에 직접 관여	"참여하면 주인의식이 생긴다."

내 유형에 맞는 7일 루틴

각 유형에 맞춘 7일간 실천 루틴이다. 짧고 단순하지만, 행동 변화를 일으키는 데 충분한 설계다.

완벽주의형 7-Day 플랜

Day 1. 내가 '완벽해야 한다'고 생각하는 3가지 순간 적기

Day 2. 준비 리스트 만들기 (길어도 좋음)

Day 3. 리스트에서 머스트must 항목 3개만 남기기

Day 4. 준비는 절반으로 줄이고, 작은 착수 시도

Day 5. 불안 시작 전과 후의 무게를 기록하기

Day 6. 30분짜리 '불완전한 버전 1.0' 만들기

Day 7. 이번 주의 '불완전한 시작'에서 얻은 교훈 3개 적기

자기과신형 7-Day 플랜

Day 1. 최근 했던 '시간 과소추정 생각' 3가지 적기

Day 2. 맡은 일의 구조를 파악하기 위해 파일 열어보기

Day 3. 예상 소요 시간 3배 법칙 적용

Day 4. 작업창 열어놓기＋한 줄 메모 남기기

Day 5. 다른 사람의 협조가 필요한 업무 2가지 정도 파악
후 미리 연락하기

Day 6. 협업 포인트 2개 파악 후 연락하기

Day 7. 미루지 않고 시작했을 때 얻은 변화 기록

감정기복형 7-Day 플랜

Day 1. 나의 감정 패턴(시간·상황) 기록

Day 2. '일하는 어른 모드' 선언문 만들기

Day 3. 업무 시작 전에 2분 호흡 루틴

Day 4. 감정이 떠오르면 '이름 붙이고 흘려보내기' 연습

Day 5. 감정이 좋은 날과 안 좋은 날 생산성 비교

Day 6. 감정이 직장에서 집으로 번지는 것을 막는 업무 종
료 시 미니 루틴 만들기
Day 7. 이번 주 감정-행동 변화 관찰 노트 작성

외부핑계형 7-Day 플랜

Day 1. 불만스러운 상황 3가지 적기

Day 2. 불만이 실제 해결될 가능성 평가

Day 3. 해결 가능한 문제 한 가지에 대한 개선 행동해보기

Day 4. 동료 한 명에게 긍정적인 피드백 전하기

Day 5. 팀의 좋은 점 3가지 기록

Day 6. 소소한 개선 아이디어 제안해보기

Day 7. 자신의 참여가 늘었을 때 마음의 변화 적기

CHAPTER 6

미루는 사람들의
유형과 특징

완벽주의형
– 시작도 못하는 사람들

꾸물거림은 사람과 상황에 따라 서로 다른 모습으로 드러난다.

곧 살펴볼 네 가지 표현형은 '유형'이라 부르긴 하지만, 사실상 성향의 스펙트럼에 가깝다.

한 사람이 여러 성향을 동시에 보일 수도 있고, 상황이 달라지면 다른 성향이 전면에 드러날 수도 있다.

평소엔 "미래의 내가 알아서 하겠지"라며 느긋하게 미루던 사람이, 자신에게 중요한 일이 주어지면 완벽주의자로 돌변할 수도 있다. 그 반대도 충분히 가능하다.

이 장의 목적은 당신을 어느 한 유형으로 규정하는 것이 아니다.

자기이해는 '나를 또 다른 객체로 낙인찍는 것'이 아니라, 자기 안의 심리적 기제를 차분히 들여다보는 과정이다. 각 경향이 어떤 심리적 원리에서 비롯되는지 이해할 수 있다면, 자기비난이 아니라 스스로를 공감하는 시선으로 나아갈 수 있다.

> **완벽주의가 미루기를 만들 때**
>
> 새로운 일이 주어지면 머릿속이 복잡해진다. 완벽한 준비를 위해 자료를 모으고 파일을 정리하며 업무 환경을 정비하는 데 과도한 에너지를 쏟는다.
> "완벽하지 않으면 시작할 수 없다"는 믿음은 얼핏 철저함으로 보이지만, 사실은 실패에 대한 불안이 만들어낸 정교한 미루기다. 준비에 매몰되어 정작 실행의 문턱을 넘지 못하는 감정적 회피의 전형적인 모습이다.

착수 지연과 과잉 준비는 시작을 늦추는 늪

완벽주의형 꾸물거림의 첫 번째 특징은 착수 지연이다.

진행 과정에서의 실수를 방지하려는 마음이 강해, 준비라는 이름의 통제 행동에 너무 많은 시간을 쓴다. 자료를 수렵하듯 모으고, 작은 참고 사항도 놓치지 않으려 애쓰고, 때로는 업무와 상관없는 청소나 정리 작업에까지 몰입한다.

이러한 행동 뒤에는 두 가지 심리가 있다.

• 감정 차원의 불안 : 완벽하게 준비되지 않은 상태에서
일을 시작하면 변수에 대처하지 못할 것 같다는 불안이
자리 잡고 있다.
현실적으론 시작하면서 배우는 편이 더 효율적임에도,
불안은 '준비가 덜 됐다'는 감각을 일으켜 발목을 잡는다.

• 인지 차원의 감정적 추론 : 완벽주의자는 '충분하다'는
느낌을 추구한다.
그러나 '준비되었다는 느낌'과 '실제 준비도'는 다르다.
불안이 판단을 대신하면, 아무리 준비가 되어도 마음속
에서 의심이 가시지 않아 발을 떼지 못한다.

결과적으로 준비는 끝없이 늘어나고,
시작은 끝없이 늦어진다.

속도를 늦추는 함정, 디테일 집착과 시야 제안

간신히 일을 시작해도, 완벽주의자는 속도를 내기 어렵다. 큰 그림을 먼저 잡고 세부를 조절해야 하는 순간에도, 작은 문장 하나, 표현 하나에 지나치게 매달린다. 기획안의 핵심을 잡아야 할 단계에서 한 문장을 반복해 다듬느라 전체 구조가 흐려지기도 한다.

디테일에 대한 과도한 집착은 두 가지 문제를 낳는다.

· 문서나 작업의 초점이 사라진다 : 중요하지 않은 부분을 지나치게 세공하다 보면, 독자는 무엇이 핵심인지 알기 어려워진다.
· 동료들의 마음을 놓칠 수 있다 : 완벽한 결과물을 만들려는 태도가 업무 분위기를 긴장시키고, 팀원들을 압박하는 결과로 이어질 수 있다.
발표는 성공적이었지만 팀의 신뢰를 잃는 경우가 생긴다.

완벽함은 매력적일 수 있지만, 관계를 위해 균형이 필요하다.

마무리를 방해하는 평가 회피와 마감 강박

완벽주의적 꾸물거림의 마지막 특징은 평가 회피다.

오랜 준비와 수많은 수정 끝에 거의 완성된 상태라 해도, '혹시 부족하지 않을까?'라는 불안이 멈추지 않는다.

그래서 마감 직전까지 제출을 미루고, 마감이 앞당겨지면 오히려 안도감을 느끼기도 한다.

"더 이상 손볼 시간이 없다"는 외부의 통제가 불안을 잠시 멈추게 해주기 때문이다.

문제는, 아무리 완벽하게 만들어도 평가는 늘 변수가 많다는 점이다.

평가자의 취향, 그날의 기분, 조직 내 관계까지 영향을 줄 수 있다.

따라서 모든 평가를 만족시키려는 시도는 오히려 결과물을 산만하게 만들고, 완벽주의자의 내면을 더욱 소진시킨다.

자기과신형
– 마감 직전에 몰아치는 사람들

꾸물거리는 완벽주의자와 가장 상극인 유형은 단연 자기과신형일 것이다.

완벽주의자는 시작도 못해 전전긍긍하는데, 자기과신형은 콧노래를 부르며 여유롭게 딴짓을 즐긴다.

만약 배짱 넘치는 자기과신형 상사와 예민한 완벽주의자 직원이 만나면, 상사는 천하태평한 데 반해, 부하 직원은 찝찝함 속에서 뒤척이게 된다.

두 유형의 속도와 마음가짐이 완전히 다르기 때문이다.

자기과신형은 보통 자신을 꾸물거리는 사람으로 인식하지 않는다. 오히려 '마감 전까지 주어진 여유'를 즐길 줄 아는 사람이라고 생각한다.

일을 미루는 동안은 즐거움도 크기 때문에 당장은 큰 문제가 없어 보인다. 최근 들어 주변에서 지적이 늘었거나, 스스로도 '조금은 개선해야겠는데…'라고 생각하게 됐다면, 이제 막 자기과신의 문제점을 의식하기 시작한 단계일 가능성이 크다.

자기과신형의 눈에 완벽주의자는 오히려 비효율적이다. "왜 저렇게까지?"라는 생각이 든다.

이들은 일머리가 좋아 단순 작업이나 단기 업무는 빠르고 영리하게 처리해온 경험이 많다.

문제는, 업무가 복잡해지고 이해관계가 얽히기 시작할 때 자신감 넘치던 방식이 틀어지기 시작한다는 데 있다.

자기과신형은 일을 받자마자 마감 기한부터 확인한다. "나흘이면 충분하다"는 계산이 서는 순간, 업무의 난이도를 낮게 평가하며 방심한다. 타인이 결과물을 꼼꼼히 살피지 않을 것이라 짐작하고, 적당한 수준에서 마무리할 계획을 세운다. "열흘이나 벌었다"는 착각은 곧장 딴짓으로 이어진다. 업무를 시작하기도 전에 휴가 계획을 짜며, 실행을 일주일 뒤로 미루는 우를 범한다.

최소 시간, 최대 효율이라는 환상

자기과신형은 철저히 손익을 따진다.

중요한 포인트는, 일에 시간을 들이는 것 자체를 손해로 본다는 점이다. 최소 시간으로 '적당한 결과물'을 만드는 것이 최선이라고 믿는다.

상황에 따라 이들은 놀라울 정도로 성실해질 수도 있다. 정직원 전환이나 승진처럼 확실한 보상이 있는 순간에는 꾸물거림을 멈추고 단단히 준비한다.

그러나 목표를 달성하는 순간 다시 원래의 패턴으로 돌아간다. 자기과신형은 본래 단타에 강하고, '최소 노력, 최대 효율'을 본능적으로 추구하기 때문이다.

업무 능력 향상을 위해 책을 읽거나 공부하는 일은 이들에게 매력적이지 않다. 취미가 많고 사회적 네트워크도 넓다. 일머리를 인정받아 따르는 후배도 있을 것이다.

그러니 '굳이 시간 들여 준비하는 것보다, 즐거움과 여가를 챙기는 것이 더 큰 이득'이라고 믿는다.

"구상 중입니다"라는 말로 버는 시간

자기과신형이 가장 비난을 받는 지점은 연락과 공유의 부재다. 프리랜서나 1인 사업이 더 맞을 것 같다고 느껴질 정도로, 마감 직전까지는 동료들의 질문에 소극적이다.

아직 한 게 없으니 공유할 내용이 없고, 누가 진행 상황을 물으면 "구상 중입니다", "다른 팀 회신을 기다리는 중이에요" 같은 말로 시간을 번다.

문제는 이 지연이 주변 사람의 일까지 늦춘다는 점이다. 일찍 시작하고 싶어도 자기과신형이 중간에서 정보를 잡고 있어 업무가 진행되지 않는다. 그래서 상사나 동료, 부하 직원 모두 불만이 생긴다.

프리랜서라 해도 중간 소통이 없으면 컴플레인이 발생한다. 유머로 넘길 수 있는 것도 한두 번이다. 결정적인 순간에 해놓은 일이 없다는 사실이 드러나면, 그동안 신뢰를 보내준 사람들에게 큰 충격과 실망을 안기게 된다.

단타 처리 방식이 마주한 현실

자기과신형이 이미지를 싫어하는 건 아니지만, 전문가·숙련자가 되기 위한 '지속적 노력'에는 관심이 거의 없다.

여가와 즐거움, 인간관계가 더 큰 가치를 차지한다면 그 자체로 문제가 될 것은 없다. 하지만 중요한 점은, '노력한 만큼의 성과를 내야 하는 순간' 자기과신형이 그동안 미뤄왔던 방식이 그대로 드러나게 된다는 것이다.

경력이 쌓일수록 업무는 복잡해지고 이해관계자는 늘어난다. 장기 프로젝트나 부서 간 협업은 자기과신형에게 최악의 환경이다. 단타 처리 방식으로는 감당할 수 없고, 중간 보고와 팀 내외의 조율이 필수적이기 때문이다.

마감 직전 스퍼트에 익숙한 자기과신형은, 필요한 시간을

과소평가하고 결과물만 그럴듯하게 만드는 데 몰두한다. 그
러나 관리자가 되면 과정의 조율, 소통, 단계별 계획이 더
중요하다. 이 부분에서 경험 부족이 드러나고, 더 큰 역할을
맡을 기회도 잃게 된다.

기회는 다시 돌아오지 않는다.
뒤늦게 후회하더라도 과거의 미루기는 되돌릴 수 없다.

감정기복형
– 그날그날의 감정에 휘둘리는 유형

현대 상담심리학에서 가장 많이 회자되는 개념 중 하나가 바로 '정서조절'이다.

정서조절이란, 자신과 타인의 감정을 정확히 인식하고, 긍정적 감정은 오래 지속되도록, 부정적 감정은 필요 이상 머물지 않도록 조율하는 능력이다. 감정을 다스리는 것도 하나의 역량이며, 삶의 질을 가르는 분기점이 된다.

현실의 일과 인간관계는 늘 계획대로 흘러가지 않는다. 예기치 못한 스트레스가 발생하면, 특히 해결이 어려운 문제일수록 '감정을 어떻게 다루느냐'가 성과와 회복력을 좌우한다. 회사의 구조조정, 투자 실패, 팀 내부 갈등, 이런 상황은 개인의 힘만으로 바꾸기 어렵다.

그러나 외부 상황은 조종할 수 없어도, 마음의 방향만큼은 스스로 다잡을 수 있다.

하지만 감정기복형은 이 마음의 방향조차 날씨처럼 변덕스럽고 조절 불가능한 것으로 여긴다. 아침에 눈을 떴을 때 기분이 괜찮으면 일에 손이 가고, 기분이 흐리면 하루가 통째로 미뤄진다. 문제는 본인도 이런 자신을 힘들어한다는 점이다.

그러나 주변의 눈에는 종잡을 수 없는 '기분파'처럼 비치고, 함께 일하고 싶지 않은 인물로 꼽히기도 한다.

감정의 날씨가 일의 흐름을 결정할 때

업무를 시작할 때 이들은 요행을 바라듯 마음속으로 기도를 올린다. 그러나 실행력의 키를 쥔 것은 운이 아닌 감정이다. 작은 불쾌함이나 답답함에도 집중력은 쉽게 무너진다. 몸은 모니터 앞에 머물지만, 정신은 과거의 갈등이나 풀리지 않은 감정에 매몰되어 있다. 어제의 다툼을 시뮬레이션하느라 정작 오늘 해야 할 일을 방치한다. 감정의 기복에 휩쓸려 하루 전체의 리듬을 잃어버리는 대표적인 회피 반응이다.

기분에 대한 오해와 미루기의 악순환

기분은 원래 실체가 없는, 순간적인 심리 상태다. 일정한 성격 특성이 아니라 금세 바뀌는 상태에 가깝다. 5분 전엔 괜찮다가도 갑자기 우울해질 수 있는 것이 기분이다.

그러나 감정기복형은 이 가벼운 기분에 무거운 해석을 얹는다. 소개팅 날 우연히 기분이 나쁘면 상대가 자신과 맞지 않는 사람이라고 판단하고, 업무가 중요한 날 컨디션이 좋지 않으면 '지금의 기분으로는 절대 이 일을 못한다'고 단정해버린다.

그래서 일을 미루고 기분이 자연스럽게 나아지기를 기다리지만, 기분은 통제한다고 나아지는 것이 아니다. 오히려 "미루고 있다"는 사실 자체가 새로운 스트레스가 되어 더 깊은 바닥으로 가라앉게 만든다.

좋은 기분을 불러오려고 필요하지 않은 쇼핑이나 맛집 순례에 몰두하기도 한다. 하지만 감정은 비용으로 해결되는 종류가 아니다.

감정에 휘둘리는 학습

감정기복형에게도 가끔 '바람이 잘 드는 날'이 있다. 월급날이거나 기다리던 택배가 도착한 날처럼 기분이 좋은 때에는, 그동안의 꾸물거림이 무색할 만큼 쾌속으로 일을 처리한다.

그날만큼은 동료의 질문에도 척척 대응하고, 보고 자료도 매끄럽게 만들며 성취감을 맛본다. '역시 미루지 않으니 일의 맛이 살아나네.'
퇴근길 발걸음도 가볍다.

그러나 문제는 그다음이다. 다음 날 날씨가 흐리거나 어제 산 옷이 생각보다 잘 어울리지 않는다는 사소한 이유에도 기분이 급전환된다. 기분이 상하면 미루지 않길 잘했다는 교훈은 온데간데없이 다시 일을 놓아버린다.

즉, 경험이 학습으로 이어지지 않고 감정에 휘발돼 사라진다. 좋았던 기억이 저장되기 전에 감정의 소나기에 씻겨 내려가 버리는 것이다.

감정 기복이 신뢰와 관계에 미치는 영향

사람들이 가까이 두고 싶어 하는 사람은 능력자보다 신뢰할 수 있는 사람이다. 신뢰는 안정감이며, 인간이 본능적으로 매력을 느끼는 요소이기 때문이다.

그러나 감정기복은 신뢰의 가장 큰 적이다. 아무리 친절한 사람이라도 다음 날 냉담한 모습을 보이면 오히려 일관되게 무뚝뚝한 사람보다 나쁜 평가를 받는다.

감정의 폭이 크고 변화가 잦을수록 직장에서 '언제 어떻게 바뀔지 모르는 사람'이라는 인상이 생긴다.

게다가 감정기복형은 '스필오버 효과spillover effect'[44]가 강하다. 이는 한 영역에서 발생한 감정이 다른 영역으로 '넘쳐흘러' 영향을 미치는 현상을 뜻한다.

그래서 집 안에서 느낀 불편함이나 짜증을 직장으로 가져오고, 직장에서 쌓인 스트레스를 가족에게 풀어버린다. 영역 간 경계가 약해진 감정이 제멋대로 흘러 주변 사람들의 분위기와 관계까지 흔든다.

그 결과 본인도 모르게 가족, 동료, 친구에게 "다루기 힘든 사람"이라는 평판을 얻게 된다.

외부핑계형
– 항상 환경 탓만 하는 유형

조직 안에서 불평불만이 많은 사람은 사기를 떨어뜨리고 냉소주의를 전파한다. 그는 '팩트'를 말한다고 생각하지만, 그 의견에 동조하지 않는다면 결국 의미 없는 소란이 된다 (부정성은 사람들이 가장 멀리하는 성향이기도 하다).

어느 조직에나 과중한 업무, 부족한 인력, 비현실적인 일정 등 문제가 있지만, 그 사실이 꾸물거림의 정당한 이유가 될 수는 없다.

정당한 문제 제기도 반복되면 결국 핑계가 된다. 조직에 충성하는 사람일수록 이를 듣고 '반골 기질'이라고 여길 가능성도 있다. 적을 만드는 건 누구에게도 도움이 되지 않는다.

외부핑계형에게 일은 기회가 아니라 '극복할 수 없는 장애물'의 집합이다. 이들은 일을 받자마자 예산 부족, 불합리한 조건 등 외부의 결함부터 찾아낸다. "적은 비용으로 과한 성과를 바란다"는 식의 부정적 확신에 빠지면, 일에 대한 애정은 순식간에 식어버린다. 환경의 제약에 매몰되어 정작 본인이 할 수 있는 최소한의 시도조차 포기하는 태도다.

편향이 만들어내는 불만의 연속

외부핑계형은 어느 업무든 나쁜 면을 귀신같이 찾아낸다. 어떤 업무든 50~60%는 평범하고, 20%는 좋고, 20%는 아쉬운 법이다. 그러나 이들은 전체 중 오로지 20%의 부정적인 요소에만 시선을 고정한다.

이 경향은 심리학에서 말하는 '부정 편향negativity bias'[45]과 깊이 관련된다.

위험을 잘 감지해야 생존할 수 있었던 인간은 원래 부정적 신호에 민감하다. 하지만 '위험'이 아닌 '일상'에서도 편향을 작동시키면, 기분은 가라앉고 동기부여는 줄어든다.

여기에 '확증 편향confirmation bias'[46]까지 더해진다.

이미 "이 일은 문제투성이야"라고 결론 내린 상태라, 이후에 들어오는 정보는 모두 그 결론을 강화하는 증거가 된다. 환경이 나아져도 외부핑계형의 마음은 좀체 변하지 않는다.

'프로불편러'라는 꼬리표

외부핑계형이 환경을 탓하는 이유 중 하나는 '동의를 구하고 싶은 마음' 때문이다. 혼자 말하면 핑계로 보일까 두려우니, 동료와 부하 직원에게 말을 퍼뜨려 자신을 보호하려 한다. 문제는 이 방식이 금방 부작용을 일으킨다는 점이다.

장점보다 남 탓이 앞서는 모습에 사람들은 거리를 두기 시작하고 결국 '외부핑계형'은 조직 안에서 고립된다.

마침내 새로 생긴 관계망 속에서 외부핑계형은 '프로불편러', '분위기 파탄자' 같은 비공식적 꼬리표를 달게 될 위험이 크다. 그렇게 조직과 멀어지고 나면 애초부터 약했던 소속감은 더 흐려진다.

일뿐 아니라 인생에서도 비관주의자가 될 위험

외부핑계형의 부정 편향은 업무를 넘어 생활 전반으로 흘러갈 수 있다.

"고지서 납부가 늦어지는 건 불친절한 시스템 때문."

"집안일이 쌓이는 건 가족 간 분담이 불공평해서."

틀린 말은 아니지만, 문제를 해결하는 데 아무 도움이 되지 않는 사고방식이다. 결국 고지서를 내는 사람도, 집안일을 처리해야 할 사람도 자신이다.

더 나아가 부정 편향은 건강까지 위협한다. 생각하는 방식은 생활양식으로 이어지기 때문에, 핑계와 회피가 반복되면 운동, 약 복용, 건강검진처럼 중요한 건강 행동까지 미루는 습관이 생긴다. 사소해 보이지만, 습관은 조용히 삶의 균열을 일으킨다. 언젠가 큰 손해를 맞는 순간이 오면, 더 이상 탓할 대상조차 남지 않는다.

CHAPTER 7

미루고 싶을 때 끊어내는 연습

꾸물거림
유형별 솔루션

꾸물거림은 하나의 원인으로 설명되지 않는다. 각기 다른 심리 요인들이 뒤엉켜 표현되는 모습 또한 단일하지 않다.

비현실적으로 높은 기준과 평가 염려가 강한 완벽주의형, 일머리가 있어 가성비는 좋지만 숙련에는 취약한 자기과신형, 그날그날 감정에 휘둘리는 감정기복형, 부정적 해석을 과하게 적용해 환경 탓으로 일관하는 외부핑계형, 최소 네 가지 경향이 존재한다.

두 가지 이상이 공존할 수도 있고, 시기나 상황에 따라 다른 모습이 교차해 나타나기도 한다. 큰 실패를 겪기 전까지는 자기과신형에 가까웠던 사람이, 몇 차례의 실수를 겪고 외부평계형으로 변하기도 한다. 또 어느 유형에도 완전히 들어맞지 않는 제3의 모습도 있다.

중요한 것은 자신을 딱 한 가지 유형으로 규정하는 것이 아니라, 꾸물거림이 이처럼 다층적인 방식으로 표현된다는 사실을 이해하는 일이다.

각 경향에 특히 적합한 솔루션은 다음과 같다. 어떤 일을 미루고 싶을 때 다음 경향에 해당하면 적용해봐도 좋다.

완벽주의형이여, 준비를 절반으로 줄여라

완벽주의형이 빠지는 함정은 "더 준비해야 한다"는 믿음 이다.

그러나 이 유형에게 필요한 핵심 해법은 더하는 것이 아니라 덜어내는 것이다.

착수 자체를 앞당겨야 한다. 시작이 빠르면 시간이 확보 되고, 시간이 확보되면 불안이 완화된다. 그러나 단번에 기준을 낮출 수는 없다. 그러니 '준비를 절반으로 줄이기'라는 실천 가능한 규칙이 필요하다.

- 일을 받자마자 떠오르는 준비 항목을 전부 적는다.
- 꼭 필요한 머스트[must] 항목을 전체의 3분의 1 이내로 고른다.
- 마음이 편한 수준을 만드는 '추가 항목'을 소수만 고른다.
- 전체 선택이 원래 생각한 준비의 절반 안에 들어야 한다.
- 나머지는 과감히 자르고 바로 시작한다.

시작 전엔 불안하지만, 일을 시작하면 준비했던 것만으로도 충분했다는 경험이 쌓인다.

이 작은 성공이 완벽주의형에게 가장 큰 치료제다.

자기과신형이여, 일단 일을 들춰봐라

자기과신형은 일을 얕보는 경향이 강하다. 그러니 최고의 솔루션은 단순하다.

"먼저 열어보는 것."

막연한 추측은 실제 소요 시간을 과소평가하게 만든다. 특히 협업이 필요한 일, 결재 라인이 긴 일, 정확도가 중요한 일은 더 그렇다. 마감기한이 있는 데는 이유가 있고, 고객이나 상사가 실제보다 촉박하게 기한을 제시했을 가능성도 있다.

따라서 일단 파일을 열어보고, 작업창에 띄워놓고, 구조를 훑어보라. 이 작은 행동 하나만으로도 마음 한쪽에서 일이 계속 신호를 보낸다.

자기과신형에게 필요한 것은 바로 이런 '주의의 닻anchor'이다. 파일을 열어두거나, 한 줄 메모를 남기기만 해도 뇌는 그 일을 '대기 중인 과제'로 의식한다.

주의가 한 조각이라도 고정되면 즐거움이나 여가로 도망치려는 충동이 약해지고, 딴짓을 하더라도 "남아 있는 일이 있다"는 신호가 계속 울린다.

이 작은 닻 하나가 자기과신형의 '막판 몰아치기' 습관을 깨는 첫걸음이다.

감정기복형이여, 모드를 전환하는 연습을 해라

감정기복형에게 중요한 건 감정을 없애는 것이 아니다.
필요할 때 감정과 거리를 두는 능력, 즉 모드 전환이다.

감정을 기준으로 행동하면 아이와 다를 바 없다.
따라서 시간을 두 개의 모드로 나눈다.

- 일하는 어른 모드
- 자유분방한 아이 모드

업무 시간에는 감정이 올라와도
"아, 지금 이런 기분이구나" 하고 알아차린 뒤 흘려보낸다.
원인을 분석하지 않고, 기분 전환도 잠시 접어둔다.
그건 퇴근 후의 아이 모드에서 충분히 할 수 있다.

이 '모드 전환'은 훈련이다.
하지만 한번 익숙해지면 놀라운 일이 벌어진다.
퇴근할 즈음, 일에 집중한 시간 덕분에 기분이 훨씬 가벼
워진 자신을 발견하게 된다.

감정을 따라간 하루보다, 감정을 다스린 하루의 질이 훨씬 높기 때문이다.

외부핑계형이여, 조직에 직접 관여해라

외부핑계형의 문제는 비판이 아니라 거리두기에 있다. 늘 몇 보 뒤에서 비평가처럼 서 있기 때문에 관계도, 성과도 흔들린다.

핵심 솔루션은 간단하다.

'참여자'가 되는 것.

- 비품이 부족하면 신청한다.
- 인력이 부족하면 논리적으로 충원을 제안한다.
- 소통이 불편하면 새로운 방식을 제시한다.
- 일정이 비현실적이면 조정안을 건의한다.

문제가 있다고 느끼면 불만을 말하는 데서 멈추지 말고, 그 문제를 해결하는 과정까지 참여해야 한다.

이렇게 손을 대기 시작하면 자연스럽게 조직이 더 '내 것처럼' 느껴진다.

주인의식은 억지로 부여해서 생기는 것이 아니라, 내 손을 거쳐 변화한 무언가가 생길 때 조용히 자란다. 그리고 이 감각은 꾸물거림에 가장 강력한 해독제다.

시작을 쉽게 만드는
3초 규칙

시작이 어려운 사람들을 위한 확실한 방법이 있다. 미루는 사람들의 유형을 가리지 않고 당장 일상생활에서 쓸 수 있는 미루기 방지 기법이다.

습관적으로 일을 미루지 않더라도, 조금 더 유능하게 성과를 내고 싶은 사람이라면 누구나 큰 도움을 받을 수 있다. 복잡한 훈련 과정도 필요 없다.

시간, 성취를 결정짓는 핵심 자원

학습, 성과, 인간관계를 비롯한 모든 영역에서 가장 결정적인 요인은 무엇일까?

타고난 기질이나 지능, 환경도 중요하지만 누구에게나 똑같이 주어지는 핵심 자원은 결국 시간이다.

- 숙련의 시간 : 천재조차 하나의 업적을 이루기까지 '10년의 법칙'이 필요하다.
- 관계의 시간 : 마음을 열기 위해서는 반복적인 접촉과 충분한 시간이 있어야 한다.
- 여유의 힘 : 팀워크는 촉박한 마감에 쫓길 때보다 시간적 여유가 있을 때 더 견고해진다.

이 귀한 시간을 확보하는 유일한 방법은 하나뿐이다.

일의 시작을 앞당기는 것.

시작이 빨라야 내용을 정교하게 다듬을 여유가 생기고, 예기치 못한 문제가 터져도 수정할 시간을 벌 수 있다.

미루는 습관의 함정

"어차피 시작해도 중간에 딴짓을 하면 의미 없지 않을까?"라고 생각할 수 있지만, 현실은 정반대다. 미루는 습관이 있는 사람은 일을 시작하기 전 단계에서 딴짓을 가장 많이 한다. 그러다 시간을 다 잃고 나서야 허둥대며 일을 붙잡는다.

게슈탈트 상담이론의 '알아차림-접촉 주기'로 보면, 일을 해야 한다는 자각이 드는 순간 사람은 불안이나 짜증 같은 부정적인 감정을 느낀다. 이때 가장 바람직한 대응은 즉시 일을 시작하여 그 감정을 해소하는 것이다.

하지만 미루는 사람은 이 불편함을 피하려고 딴짓에 에너지를 쏟는다.

잠시 기분은 나아질지 몰라도 일과 접촉하지 못했기에 불안은 금세 되돌아오고, 시간만 흘려보내는 악순환이 반복된다.

3초 승부, 생각이 행동을 가로막기 전에

핵심은 에너지를 올바른 방향으로 돌리는 데 있다. '일해야 한다'는 생각이 떠오른 순간, 3초 안에 행동으로 옮기는 것이다. 이 단순한 규칙은 생각보다 강력한 힘을 발휘한다.

알람을 적극적으로 활용하는 것도 좋다. 업무 시작, 중간점검, 자료 발송 등 특정 시점마다 알람을 맞추고, 울리는 즉시 머릿속의 자각을 3초 안에 행동으로 잇는다.

외출해야 한다면 소파에서 바로 일어나 샤워실로 향하고, 메일을 써야 한다면 노트북부터 일단 연다. "일이 잘될까?"; "오늘 집중이 될까?" 같은 고민은 실행을 늦추는 불필요한 잡음일 뿐이다.

방법은 사람마다 다를 수 있다. '3, 2, 1' 카운트다운을 외치거나 자신만의 신호를 설정해도 좋다.

중요한 것은 단 하나,
생각이 행동을 잡아먹기 전에
몸을 움직이는 것이다.

3초 규칙을 일상의 습관으로

영양제가 보이면 즉시 먹고, 주방이 어질러져 있으면 바로 정리를 시작한다.

하루에 열 번 중 다섯 번만 성공해도 실행력은 확연히 달라진다.

사소한 미루기를 줄이면 일상 전체가 정돈된다. 정작 중요한 업무에 몰입해야 할 순간에 청소나 밀린 공과금 같은 자잘한 일들이 끼어들 틈이 사라진다.

결과적으로 환경과 마음 모두 오직 일을 위해 최적화된 상태로 비워지는 것이다.

즉시 행동을 이끄는
보상의 힘

왜 나쁜 습관은 금방 만들어지고, 좋은 습관은 만들기 어려울까?

배달 음식은 단번에 습관이 되지만, 음식을 직접 만들고 뒷정리하는 습관은 잘 만들어지지 않는다. TV·SNS·쇼핑 같은 소비형 취미가 쉽게 중독되는 것도 같은 원리다. 즉각적인 '좋은 기분', 긍정 정서가 바로 돌아온다. 노력 대비 보상이 크기 때문이다.

그래서 많은 사람은 좋은 습관을 들이려 할 때 스스로를 설득한다.

"싫어도 해야지, 건강을 위해, 직업적 성장을 위해⋯"
하지만 이런 이성적 설득은 오래 지속되지 않는다.

습관을 만드는 진짜 동력은 행동 뒤에 따라오는 긍정 정서 경험이다.
"해보니 기분이 좋다"라는 감각을 체감할 때, 사람은 비로소 반복하고 싶어진다. 일이 쉬워지지 않았는데도 자꾸 손이 가는 이유가 바로 이것이다.

그렇다면 어떻게 일을 '조금 더 신나게' 만들 수 있을까? 논리로 자신을 통제하는 대신, 꾸물거릴 필요가 없을 만큼 마음이 움직이도록 기분-보상 시스템을 설계해야 한다.

후속결과를 바꾸면 꾸물거림은 약해진다

이는 응용행동분석applied behavior analysis[47]에서 사용하는 핵심 원리로, 행동을 일으키는 선행 사건-행동-결과의 연결 고리를 조정하는 방법이다.

1) 선행사건^{antecedent} : 행동을 일으키는 촉발 요인
2) 행동^{behavior} : 실제로 일어난 행동
3) 후속결과^{consequence} : 행동을 반복하도록 만드는 보상 또는 중단시키는 경험

꾸물거림만 떼어내서 없애는 것은 어렵다.

그러나 선행사건을 바꾸거나, 행동 뒤에 따라오는 결과를 바꾸면 꾸물거림이 약해진다.

예를 들어, 일을 시작해야 하는 상황(선행사건)이 주어지면 꾸물거리는 사람은 딴짓이나 회피(행동)로 반응한다. 그리고 잠시나마 기분이 좋아지고 스트레스가 줄어드는 경험이 반복되면(후속결과), 회피는 점점 더 강력한 습관이 된다.

여기서 '선행사건을 바꾸는 것'은 일을 아예 맡지 않거나 마감 자체를 없애는 것인데 현실적으로 불가능하다.

따라서 더 현실적인 방법은 후속결과를 바꾸는 것, 즉 일을 피하며 딴짓을 했을 때 자동으로 따라오는 즉각적인 즐거움, 편안함 같은 보상을 차단하고, 대신 작게라도 일을 시

작했을 때 바로 작은 보상이 돌아오도록 강화물을 배치하는 것이다.

이렇게 후속결과를 조정해야만, 회피 행동이 자연스럽게 약해지고 '바로 착수하는 행동'이 점점 강화된다.

지속 가능한 실행을 만드는 '셀프 강화'의 법칙

꾸물거림을 줄이기 위해 '셀프 타임아웃'을 쓸 수도 있다. 즉, 미루는 동안엔 좋아하는 활동도 금지하는 것이다. 너무 지루해져서 차라리 일을 선택하게 된다.

하지만 가장 효과적인 방식은 셀프 강화다. 3초 규칙을 성공한 즉시 자신에게 '작은 보상'을 주는 것이다.

가장 단순한 보상은 간식이나 짧은 휴식이 될 수 있다. 하지만 사람마다 강화물은 다르다. 식욕이 적은 사람에게 간식은 전혀 힘이 되지 않지만, 잠깐의 휴식이나 동료와의 가벼운 수다, 커피 한 잔이 훨씬 큰 강화가 될 수 있다.

- 지속 불가능한 너무 값비싼 보상은 금물
- 보상은 쉽게 조달할 수 있는 종류로 선택
- '기분 좋은 변화'를 확실히 줄 수 있는 보상

3초 규칙을 성공한 뒤 이런 보상을 붙여보라.

일을 마치고 누리는 여유가 이미 보상인데, 여기에 개인적 강화물을 더하면 만족감은 훨씬 커진다.

눈에 보이는 기록은 가장 효과적인 동력이 된다

보상 체계를 더 강력하게 만드는 방법은 장기 강화 시스템을 만드는 것이다.

3초 규칙을 지킨 날마다 '포인트'를 하나씩 적립하라. 스티커, 포도송이 도표, 체크박스처럼 눈에 보이는 기록이면 가장 효과적이다.

이 방식이 바로 응용행동분석에서 말하는 토큰경제token economy[48]이다.

토큰경제는 바람직한 행동이 나타날 때마다 별, 스티커,

점수 같은 토큰을 주고, 이를 나중에 원하는 보상으로 교환하게 하는 기법이다.

여행, 전시, 영화, 친구와의 만남 등 장기 보상은 꾸물거림을 누를 만큼 강력한 동력을 제공한다.

미루는 습관
없애는 법

행동과 보상을 똑똑하게 관리하면 나쁜 습관은 자연히 사라지고 이로운 습관이 자리 잡는다. 자신의 취향에 맞는 작은 보상을 적절히 배치하면 '3초 규칙'은 금세 일상에 정착된다.

일을 미루지 않아 능률이 오르고, 일상 곳곳이 단정한 기쁨으로 채워지기 시작한다. 습관을 바꾸는 과정은 힘겨운 고행이 아니라, 자신에게 선물을 주는 즐거운 시간이 되어야 한다.

미루기를 부르는 '신호'를 차단하라

보상 관리만으로 충분하지 않을 때는 미루기를 유발하는 '선행사건' 자체를 바꿔야 한다. 꾸물거림이 자라날 공간을 아예 없애는 것이다.

우리가 일을 미루게 되는 전형적인 신호들은 다음과 같다.

- 압박감 : 너무 중요한 일을 맡아 실수하면 안 된다는 부담이 엄습할 때.
- 느슨함 : 일정이 애매하게 넉넉하여 마음이 흐트러질 때.
- 번아웃 : 조직과 사람에 대한 실망, 불신, 피로가 쌓여 손 하나 까딱하기 싫을 때.

이런 장면들은 모두 꾸물거림을 촉발하는 위험 신호다. 선행 사건이 바뀌면 뒤따르는 행동도 달라진다.

미루기가 어색한 환경 만들기

환경은 우리를 부드럽지만 확실하게 움직인다.

범죄학자 윌슨과 켈링의 '깨진 유리창 이론Broken Window Theory'⁴⁹에 따르면, 방치된 유리창 하나가 무질서를 확산시키지만, 반대로 깨끗한 보도와 환한 조명 하나가 그 흐름을 반전시킨다.

이 원리를 책상과 방, 일하는 공간에 적용해야 한다.

- 유혹 제거 : 포근한 침대나 소파에서 멀어지고, 휴대폰은 무음으로 설정한다.
- 집중 유지 : 불필요한 브라우저 창은 닫고, 가사가 없는 음악만 허용한다.
- 맞춤 공간 찾기 : 잔잔한 소음이 도움이 된다면 카페로, 미세한 소리에도 예민하다면 스터디 카페로 향한다.

쉼과 일을 분리하는 공간의 마법

가장 확실한 방법은 쉼과 일을 공간적으로 완전히 분리하는 것이다. '회사에서는 일만, 집에서는 휴식만'이라는 단순한 원칙이 삶의 리듬을 바꾼다.

공간 분리가 어렵다면 자신만의 '상징적 신호'를 활용해 보면 좋다.

일할 때만 스마트워치를 착용하거나 업무용 안경을 쓰는 식의 작은 의식은 뇌에 '지금은 집중할 시간'이라는 강력한 메시지를 보낸다. 이 작은 차이가 몰입의 밀도를 결정한다.

사람, 나를 지탱하는 가장 강력한 환경

환경은 물리적 공간만을 의미하지 않는다. 나를 둘러싼 사람들도 중요한 환경이다.

- 공표하기 : 계획을 주변에 알리고 '내가 미루면 한 번만 찔러달라'고 부탁하는 것만으로도 의지는 단단해진다.
- 강제성 부여 : 동료와 중간 점검 일정을 잡거나 상사와 미리 미팅을 예약하여 스스로 배수진을 친다.
- 동맹 맺기 : 같은 목표를 가진 동료와 '상호 감시 동맹'을 맺는다. 연구에 따르면 건강한 생활 습관 개선에 가장 큰 영향을 미치는 요인은 바로 '지지해주는 주변 사람'이다.

오늘 당신이 깔아둔 그 길 위를 당신의 내일이 걷게 될 것
이다.

99% 성공 보장
시간계획표

꾸물거리는 사람 대부분은 시간계획표라는 단어만 들어도 마음이 답답해진다. 다이어리를 샀다가 며칠 만에 덮어두고, 유명인의 시간 관리법을 베껴보기도 했지만 금세 흐지부지된 기억이 한두 번이 아닐 것이다. 왜일까?

대부분은 꾸물거림을 '시간 관리의 실패'로만 보았기 때문이다. 정작 그 뒤에 있는 불안, 양가감정, 낮은 자존감, 자책, 완벽하고 싶던 마음은 돌보지 않은 채, 시간만 쪼개고 칸만 나누려 했던 셈이다.

그래서 계획표는 거부감의 상징이 되었다. 쓰지 못한 다이어리를 보며 죄책감이 밀려오고, '또 실패했다'는 자기비난이 마음 깊이 박히면서 계획표를 펼치는 일 자체가 고통이 된다.

완벽주의형은 스트레스를 견디면서도 끝끝내 계획을 붙잡고 있고, 감정기복형은 "생각만 해도 머리 아프다"며 손도 대지 않으며, 자기과신형과 외부핑계형은 마지막 순간까지 버티다가 폭발하는 쪽을 택한다.

하지만 어떤 유형이든, 장기 과제와 복잡한 업무에는 결국 계획이 필요하다. 인지행동치료가 목표 달성을 돕는 대표 기술인 이유도 바로 여기에 있다. 체계적인 계획은 실패를 줄이고, 처음부터 '성공할 수밖에 없는 길'을 깔아주기 때문이다.

핵심은 하나다.

처음부터 반드시 성공하도록 만든다. 그래서 쉬운 계획이 필요하다.

실패 없는 계획의 설계도

계획을 망치는 가장 흔한 실수는 일의 단위를 지나치게 크게 잡는 것이다. 이런 계획은 실패할 수밖에 없다. 너무 크고 모호해 '뭘 해야 하는지', '얼마나 걸릴지' 감이 없다.

1) 우선순위는 '시급성 → 강도 → 낯섦'으로 정한다

- 가장 마감이 임박한 일은 무엇인가? (시급성)
- 가장 어려운 일은 무엇인가? (강도)
- 가장 낯선 일은 무엇인가? (친숙성)

일의 난이도는 단순한 '어려움'이 아니라 "얼마나 낯선가"와도 관련이 있다.

2) 과제를 '눈에 보이는 크기'로 쪼갠다

- 읽어야 할 자료는 총 몇 쪽인가?
- 한 쪽 읽는 데 몇 분이 걸리는가?
- 자료를 읽기 전에 다운로드, 정리 등 준비에 몇 분이 필요한가?
- 기획안을 쓰려면 어떤 자료를 먼저 수집해야 하는가?

이 모든 것이 실제 시간이다.

3) 마지막 단계에서 시간을 '블록'으로 나눈다

- 15분 또는 30분 단위로 쪼개라.
- 첫 과제는 블록 몇 개가 필요한가?
- 블록 사이에 쉬는 시간을 반드시 포함하라.

완벽주의형은 휴식시간을 빼먹고 스스로를 몰아붙이다가 계획을 무너뜨리기 쉽다.

비현실적인 계획을 피하는 것이 곧 성공의 시작이다.

70%의 여유

시간 블록을 지혜롭게 쓰려면 유명한 '70% 계획법'이 도움이 된다.

예를 들어, 당신에게 100분의 시간이 있다고 가정해보자.

- 70분만 계획한다.
- 30분은 여분으로 남겨두라.

실패하지 않는 계획의 비결이 바로 이 여유 덕분이다. 예상보다 길어진 작업, 갑작스러운 수정, 집중의 흔들림 등을

30%의 여유 공간이 자연스럽게 흡수해낸다.

만약 일을 다 끝내고 시간이 남는다면 당당하게 쉬어라. 혹은 다음 날을 더 편하게 만들고 싶다면 남은 시간으로 계획을 조금 다듬어도 좋다. 경험이 쌓일수록 계획은 더 정교해지고, 성공 확률은 더 높아진다.

집중을 돕는 도구와 마음가짐

성공하는 계획이 좋은 계획이다. 겉보기 좋은 계획은 장식품일 뿐이다.

꾸물거림을 이기려면 계획이 눈에 잘 띄고, 바로 점검할 수 있어야 한다.

- 탁자 위에 놓인 작은 노트
- 모니터 옆 포스트잇
- 얇은 플래너

이 정도면 충분하다. 오히려 스마트폰 앱은 딴짓의 유혹이 많아 최선의 선택이 아닐 수 있다. 가능하면 '손이 가는 종이'를 활용하는 편이 집중에 유리하다.

 계획은 당신을 억압하는 도구가 아니다. 당신이 원하는 시간을 되찾기 위한 지도이자 안전장치다. 완벽한 계획이 아니라, 움직이는 계획, 살아 있는 계획이 필요하다. 당신의 하루와 한 주가 이 작은 계획표로 달라지기 시작할 것이다.

인지기능
회복 훈련

3초 규칙으로 마음을 움직이고, 유관 원리로 행동을 바꾸고, 실패하기가 더 어려운 시간 계획법까지 갖추었다면 이제 꾸물거림을 벗어날 탄탄한 '네 개의 바퀴'를 장착한 셈이다.

하지만 바퀴만 굴러서는 멀리 가지 못한다. 그 위에 단단한 상판을 얹어야 진짜 진도가 나온다.

그동안 당신은 심리적 고착 상태에 갇혀 있었다. 마음을 들여다보며 감정을 다독였고, 미루는 습관 뒤에 있는 불안과 자책을 이해했다.

이제는 다음 단계다. 뇌에 적절한 부하를 걸어 실제 행동을 추진할 힘을 만드는 일. 현실의 일은 마음만으로 굴러가지 않는다. 결국 뇌가 움직여야 손도, 발도 움직인다.

일을 수행하는 데 필요한 인지기능은 다섯 가지다.

① 시간 감각(지남력)

지금 이 순간을 느끼는 시간의 감각. 병원에서 '오늘이 몇 년도인지' 묻는 것은 단순한 질문이 아니다. 인지기능이 무너지면 삶의 좌표인 시간과 현실조차 흐릿해지기 때문이다.

② 기억력

즉각 기억, 단기 기억, 장기 기억이 모두 포함된다. 즉각 기억은 곧 집중력이고, 단기 기억이 안정적으로 저장되어야 장기 기억으로 이어진다. 방금 본 간판의 색을 기억할 수 있는지가 대표적 예다.

③ 계산 능력

복잡한 수학을 말하는 게 아니다. 숫자를 빼고 더하는 기본적 연산 능력은 인지기능의 핵심이다. 시간 블록을 배분하고 순서를 정하는 데 꼭 필요하다.

④ 언어 능력

생각을 정리해 말과 글로 표현하는 능력. 계획을 수립할 때도, 실행을 점검할 때도 명확한 언어화는 필수다.

⑤ 시공간 구성력

입체 도형을 위에서 볼 때와 정면에서 볼 때의 차이를 이해하는 능력. 계획을 '마음속에서 조립'하는 데 쓰인다.

이 다섯 가지는 앞서 제안한 행동 전략들과 촘촘히 연결되어 있다. 시간 감각(지남력)이 있어야 계획이 서고, 계산 능력과 시공간 구성력은 과제를 세분화하고 시간 블록을 할당할 때 쓰이고, 기억력은 과거 경험을 떠올려 적절한 소요 시간을 추정하는 데 필요하다.

그리고 이 모든 과정을 언어로 정리하고 구조화해야 계획이 완성된다.

행동을 밀어붙일 인지기능이 회복되어야 꾸물거림에서 완전히 빠져나올 수 있다. 그러기 위해서는 인지기능을 흐리게 만드는 생활습관을 바로잡아야 한다.

무너진 실행력을 재건하는 기분 관리

주요 우울장애의 대표 증상 중 하나가 '인지기능 저하'다. 지능이 떨어진 것이 아니라, 우울한 기분이 주의 집중력과 기억력 전체를 삼켜버린 것이다. 평소에 쉽게 하던 일도 갑자기 벅차게 느껴지는 이유다.

꾸물거리는 사람도 비슷한 악순환에 갇혀 있다. 미루면서 느끼는 자책, 부담감, 불안은 우울한 기분을 자극하고, 그 우울은 다시 뇌의 기능을 둔하게 만든다.

그러니 실행력이 떨어지고, 다시 미루고… 끝없는 고리가 이어진다.

이 고리를 끊기 위해서는 기분 관리가 필수다. 심리·신경면역학에서 제안하는 ACE 기법이 도움이 된다.

A : Attend – 기분을 인식하기

감정 인지가 서툰 사람은 기분을 마음이 아닌 답답함, 두통, 속쓰림 같은 신체 증상으로만 경험한다. 따라서 "지금 내 기분은 어떤가"라고 스스로 묻는 연습이 필요하다.

C : Connect – 기분과 상황을 연결짓기

그다음, 그 기분을 유발한 최근의 사건과 관계, 맥락을 찬찬히 짚어본다. 감정의 원인을 정확히 알아야만 선행사건과 후속결과를 재설계하여 미루는 습관의 회로를 끊어낼 수 있다.

E : Express – 기분을 표현하기

괴로운 감정을 억누르기만 하면 압력이 높아지는 풍선과 같아진다.
믿을 수 있는 사람에게 털어놓거나 글로 감정을 쏟아내는 과정이 꼭 필요하다.

기분이 안정되면 뇌는 다시 선명해지고, 선명해진 뇌는 다시 행동하게 만든다. 이 작은 회복이 꾸물거림의 악순환을 선순환으로 바꾸는 출발점이다.

스트레스 관리는 탈진 이전에 멈추는 능력이다

스트레스 반응을 설명하는 '일반 적응 증후군general adaptation syndrome'[50]은 명확한 경고를 준다.

① 경보 단계

갑작스러운 위기 앞에서 몸이 얼어붙는다.

② 저항 단계

스트레스가 지속되면 몸은 미래의 에너지를 끌어와 버틴다.
각성은 유지되지만 피로가 쌓인다.

③ 탈진 단계

에너지가 완전히 고갈된다. 인지기능은 급격히 무너지고, 더 이상 일을 감당할
수 없는 상태에 이른다.

꾸물거림은 문제를 늦추는 행동처럼 보이지만 사실은 스트레스의 길이를 늘리는 강력한 가속장치다.

해야 할 일을 빨리 해결하지 않고 미루는 동안, 신체는 계속 긴장 상태를 유지하고 불필요한 호르몬이 분비된다.

따라서 3초 규칙은 단순한 행동 기술이 아니라 '탈진 단계에 떨어지지 않기 위한 심리적 안전장치'이기도 하다.

큰 스트레스는 빨리 해결해 호르몬 분비를 멈추게 하고, 장기 과제는 중간중간 즐거운 취미와 지지적 관계를 끼워 넣어야 한다. 이것이 스트레스를 조절하며 오래 달릴 수 있는 가장 현실적인 방법이다.

뇌의 연료를 채우는 체력 관리

정신과 신체는 서로를 밀고 당긴다. 심각한 신체 질환이 심리 상태를 무너뜨리기도 하고, 지속적인 우울이 신체적 활력을 바닥나게 만들기도 한다.

건강심리학 연구에서는 암 생존자들의 회복을 결정하는 요인으로 정기검진과 함께 우울 예방을 중요한 요소로 꼽는다. 낙관적인 환자들이 더 좋은 경과를 보인다는 연구도 있다.

우울증 치료의 첫 단계가 '활성화'인 것도 같은 원리다. 수면, 식사, 위생 같은 기본 루틴만 회복해도 기분과 생각이 가볍게 살아나기 시작한다.

같은 맥락에서, 운동은 인지기능 회복에 가장 빠르고 확실한 자극이다. 특히 중강도 이상의 운동 직후에는 사고력, 판단력, 학습능력이 눈에 띄게 좋아지는 '인지 부스트'가 나타난다. 이 효과를 일에 연결하고 싶다면 출근 전 아침 운동이 좋은 선택이 된다.

또 하나의 선물은 수면의 질 개선이다. 규칙적인 운동은 불면을 줄이고, 다음 날 뇌의 기억력과 주의집중력을 자연스럽게 끌어올린다.

전문가들이 권장하는 운동량은 주 150분의 숨 가쁜 운동(하루 30분씩 5일, 혹은 주말에 몰아서 등산처럼 긴 운동도 가능)이다.

어떤 종류의 운동이든 좋다. 심장박동 수를 충분히 올려주는 활동이면 된다. 신나게 춤추며 집안일을 해도 훌륭한 운동이다.

이 세 가지는 서로를 끊임없이 물고 당긴다.

감정이 정리되면 뇌가 깨어나고, 깨어난 뇌는 다시 행동을 가능하게 만듦으로써 당신 안의 선순환 고리를 만들어낸다.

꾸물거림에서 벗어나는 여정은 단순히 '일을 빨리하는 법'이 아니라 당신의 마음과 몸을 건강하게 회복시키는 과정임을 기억하자.

CHAPTER 8

'완벽'주의가 아닌
'완료' 주의로

완벽이라는
환상에서 벗어나기

꾸물거림의 네 가지 표현형 중에서도, 겉으로 보기엔 가장 부지런해 보이지만 실제로는 가장 지치고 고립된 유형이 바로 완벽주의형이다.

늘 최선을 다하지만 진전은 더디고, 누구보다 스스로를 몰아붙인다. 그래서 주변에서도 쉽게 "그만 좀 해도 된다"고 말하기 어렵다.

"그렇게 완벽을 붙들어서 일이 잘 풀렸나요?"

"당신을 더 행복하게 만들었나요?"

정작 본인에게 물으면 선뜻 대답하지 못한다. 그럼에도 완벽이라는 신념은 굳은 매듭처럼 손에서 놓아지지 않는다.

완벽주의의 기저에는 언제나 불안이 있다. 준비가 조금이라도 부족해 차질이 생길까 봐 일을 미루고, 실수가 나올까봐 끝없이 확인하고, 평가받을 순간이 두려워 완성을 뒤로미룬다.

불안을 줄이는 가장 확실한 방법은 역설적으로, 불안 속으로 한 걸음 들어가보는 것이다.

"망할 것 같다"는 예측이 실제로는 일어나지 않는다는 경험, 이것이 불안 치료의 핵심 원리인 노출exposure[51]이다.

완벽주의의 뿌리와 생존 전략

비현실적 목표를 설정하는 순간, 실패는 이미 정해진 운명이 된다.

인간 본성은 원래 효율을 선호한다. 감독관이 없으면 조금느슨해지고, 자기편향을 발휘해 부족함을 상황 탓으로 돌리며 에너지를 아끼는 것이 자연스럽다.

하지만 완벽주의형은 이 본성을 정면으로 거스른다.

그 배후에는 종종 어린 시절의 불안정한 애착 경험이 있다. 과정은 인정받지 못하고 결과만이 사랑받기 위한 조건이 되는 환경, 노력의 흔적보다 성적표와 결과물만이 칭찬받는 관계.

이런 경험이 반복되면, 높은 기준을 세우고 그것을 해내는 행위 자체가 생존 전략이 된다.

이를 심리학에서는 '사회부과 완벽주의'라고 부른다.

기준을 넘어서더라도 안도감은 찰나일 뿐, 마음 깊은 곳에서 '충분하다'는 충족감을 느끼기 어렵다.

내 몸이 알려주는 '적정선' 찾기

완벽주의형에게 필요한 것은 완벽이 아니라, 보통 사람보다 '딱 한 단계' 높은 기준이다.

지금까지 쌓아온 내공을 고려하면 이 정도는 충분히 감당 가능하다.

도전적이되 과도한 불안과 꾸물거림을 불러오지 않는 적정선을 찾아야 한다.

문제는 이 '적정선'을 인지하는 능력이 무뎌져 있다는 것. 기준을 낮추는 것만큼 어려운 일이 없다.

불안을 약간 자극하면 일의 능률을 올리는 데 도움이 되지만, 임계치를 넘기면 뇌가 오히려 마비된다.

마치 약이 적당할 때는 효과가 있지만, 양이 너무 많아지면 오히려 몸에 해가 되는 것처럼.

그 적정선을 찾기 위한 첫 단계는 감각을 깨우는 일이다.

심리 상담에서는 내담자가 말로 감정을 설명하지 못할 때, 몸의 감각을 단서로 감정 상태를 읽는다. 완벽주의형도 마찬가지다.

- 먼저 떠오르는 기준을 1차로 설정한다.
- 그 기준을 달성하는 과정을 '머릿속에서 실감나게' 상상해본다.
- 그 순간 몸의 감각을 느껴본다.

만약 어깨가 단단히 굳고, 손발이 차가워지며, 머리가 띵하거나 속이 서늘해진다면, 그 기준은 이미 선을 넘었다는 뜻이다.

반대로 약간 긴장이 되지만, 추진력과 에너지가 올라오는 느낌이라면 그곳이 바로 당신의 새로운 기준점이다.

일을 하다가도 몸이 보내는 '과부하 신호'를 느낀다면 기준을 미세하게 다시 조절해야 한다는 의미이다.

완벽하지 않아도 괜찮다는 작은 성공의 기록

완벽주의는 신념으로 굳어 있기 때문에 한 번에 버릴 수 없다.

심리치료에서는 그래서 내담자와 함께 불안의 위계 목록[52]을 만든다. 가장 두려운 상황은 맨 위에 두고, 도전할 만한 상황부터 차근차근 노출해보는 방식이다.

이 원리를 완벽주의에도 적용할 수 있다.

먼저 타격이 적은, 완벽하지 않아도 괜찮은 일부터 시작해보라.

혼자 떠나는 여행은 그런 실험의 좋은 예다. 모든 동선과 식당을 완벽히 계획하지 않아도 여행은 잘 흘러간다. 몇 가지 핵심 동선만 계산해두면 충분하다. 그 여백 속에서 생각지 못한 기쁨과 여유가 찾아오기 마련이다.

이 작은 성공은 당신에게 이렇게 말해줄 것이다.
"완벽하지 않아도 괜찮네."

이 경험이 쌓이면, 평소라면 극도의 긴장을 불러오던 과제에서도 현실적이고 성장에 도움이 되는 기준을 세울 수 있게 된다.

완벽 대신 '적정선'을 선택하는 능력, 이것이야말로 완벽주의형이 꾸물거림을 벗어나기 위해 반드시 익혀야 할 새로운 기술이다.

완벽주의자의 불안 위계 및 적용 가이드

다음과 같은 방식으로 불안 위계 목록을 활용하면 효과적이다.

근육 이완이나 호흡 조절로 몸의 긴장을 먼저 낮춘 뒤, 위계의 낮은 단계 상황부터 천천히 마음속에서 상상 노출을 시작한다.

　상상 중 불안이 높아지면 잠시 멈춰 다시 호흡을 안정시키고, 불안이 가라앉으면 같은 단계부터 재시도한다. 낮은 단계가 익숙해지면 조금씩 상위 단계로 올라가며 불안을 견디는 힘을 키우는 방식으로 진행한다.

단계	상황 설명	예상 불안 강도(0-100)	특징
1	이메일 초안에서 오탈자 하나 발견됨 → 고쳐서 제출	20	낮은 불안, 수정하면 해결됨
2	보고서를 95% 완성한 상태에서 팀원에게 중간 검토 요청	30	'완벽하지 않은 상태' 노출 훈련 시작
3	회의 자료의 색상·정렬이 약간 어긋난 채로 공유	40	디테일 미완성 허용
4	마감 하루 전 초안을 상사에게 제출	50	'부족할 수도 있음'을 감수
5	팀원에게 업무 일부 위임하고 결과를 기다림	60	통제감 감소에 대한 불안 증가
6	PPT 발표 중 말 실수 후 이어서 발표 지속	70	실수해도 흐름 유지 연습

7	중요 문서에서 작은 실수가 발견되었으나 수정 없이 제출	80	"완벽하지 않아도 된다" 노출
8	중요한 회의에서 즉흥적으로 의견 제시	85	준비 부족 상황 수용
9	외부 기관/고객에게 '1차 버전'임을 밝히고 초안 제출	90	평가를 직접적으로 견디는 단계
10	실패 가능성 있는 새로운 프로젝트에 '빠른 프로토타입' 먼저 제시	100	불확실성 최대치, 완벽주의 치료의 고난도 과제

실수해도 괜찮다는
마음 근육

완벽주의 성향을 이루는 또 하나의 축은 '실수에 대한 과도한 염려'[53]다. 누구나 가능하면 실수를 피하고 싶어 하지만, 완벽주의형의 염려는 삶 전체를 흔들 만큼 지나치다. 실수가 두려워 발을 떼지 못하고, 시작해야 할 일 앞에서도 몸이 굳는다.

자존감을 높이는 가장 확실한 길은 작지만 반복되는 성공 경험을 쌓는 것이다. 성공이란 거창한 것이 아니다. 식사 후 설거지를 제때 끝낸 일도, 팀 리더로서 동료의 신뢰를 얻은 일도 모두 같은 성공이다. "내가 마음먹은 것을 이뤄냈다"는 주관적 감각이 자존감과 효능감을 차곡차곡 쌓는다. 그러나 삶에서 시행착오 없이 이 성공들을 모을 수 있을까?

　현실적으로 불가능하다.

　완벽주의형은 노력에서 타협하지 않기에 "노력한 만큼 제발 결과도 바로바로 따라오면 좋겠다"는 마음이 간절하다. 하지만 학습의 세계에는 직선이 없다.

　우리가 흔히 경험하는 성장은 초반에는 빠르게 오르지만 곧 정체기에 갇히는 S자 곡선을 그린다. 이 지점이 바로 '절망의 골짜기', 실수와 자책이 늘어나는 구간이다. 그러나 이 골짜기를 통과해야만 '깨달음의 비탈길'에 올라설 수 있다. 실수를 견디지 못하면, 그 문턱 앞에서 평생 제자리걸음이다.

완벽주의의 가면 뒤에 숨겨진 '결함 스키마'

　꾸물거리는 동안 완벽주의형은 자기과신형처럼 편안한 딴짓으로 도망가기도, 감정기복형처럼 기분 따라 흘러가기도 쉽지 않다. 대부분은 머릿속에서 최악의 시나리오를 되감으며 불안에 묶여 있다. 작은 실수에도 얼굴이 화끈거리고, 그 수치심을 피하려고 확인을 또 확인한다. '이 정도면 됐겠지?'라는 생각보다 '혹시라도…'라는 걱정이 먼저 고개를 든다.

스키마(도식) 치료schema therapy[54]에서는 이런 완벽주의의 뿌리를 "결함 스키마"라고 설명한다.

"내 실수가 드러나는 순간, 모든 결함이 폭로될 것이다."

이 깊은 믿음이 완벽을 향한 과잉 보상 행동을 촉발한다는 것이다.

이 스키마를 가진 사람은 자기 자신을 늘 비평가의 시선으로 바라본다. 보고서를 만들면서 도표 대칭을 집요하게 확인하고, 회의실의 온도·습도까지 점검하느라 진이 빠진다. 주변 사람들조차 완벽주의형의 눈치를 본다. 하지만 실제로 사람들은 '흠 없는 사람'보다 '최선을 다하되 가끔은 실수하는 사람'에게서 더 인간적인 매력을 느낀다.

실수의 재정의 – 실패가 아닌 실험

실수를 무조건 피하려는 태도 대신, 언제 완벽이 필요한지, 언제 실수해도 괜찮은지를 구분하는 감각이 필요하다.

대표적인 두 상황이 있다.

- 초심자의 특혜가 허용될 때 : 배우는 단계에서는 완벽보다 성실함이 더 중요하다. 상급자들은 당신의 미숙함을 이미 감안한다. 디테일을 다 잡느라 보고를 늦추는 것보다, 막히면 도움을 요청하고 오류를 인정하는 쪽이 훨씬 현명하다.

- 새로운 시도를 할 때 : 지금 시대는 정답을 아는 사람보다 새로운 시도를 많이 해보는 사람을 더 가치 있게 여긴다. 디자인적 사고design thinking가 강조하듯, 혁신의 과정에서 시제품prototype은 실패가 아니라 실험이다. 실험을 많이 할수록 성장 곡선도 빨라진다.

결국 실수의 새로운 이름은 '실험'이다.

완벽주의형은 실수를 피하려고 시간을 허비해왔다. 이제는 정반대로 가보자. 과감하게 실행하고, 결과를 관찰하고, 필요하면 수정하면 된다. 추구해야 할 건 흠 없는 결과가 아니라 학습 과정이다.

성공 확률을 높이는 피드백의 기술

완벽주의형은 결과물이 '내 기준 100점'이 되기 전까지 공유하지 않으려 한다. 그래서 마지막 순간에야 겨우 평가를 받는다. 그러나 성공 확률을 높이는 길은 반대 방향이다.

중간 단계에서 피드백을 자주 받을수록
성공 가능성은 기하급수적으로 올라간다.

가장 좋은 방법은 시행착오를 예고하는 것이다.
"이번에 새로 시도해보고 싶은 방식이 있어요. 완성 전에 한 번 봐주시고 의견 주시면 더 잘 만들 수 있을 것 같아요."

이 간단한 문장은 평가자들을 조력자로 바꾸는 마법의 주문이다.

피드백을 환영하면, 실수는 혼자 짊어져야 하는 짐이 아니라 여러 사람과 함께 해결해가는 공동의 경험이 된다. 그러면 약간의 부족함이 있어도 최종 성과는 훨씬 좋아진다.

실수는 당신을 무너뜨리는 증거가 아니다. 오히려 성장을 시작하는 자리에 붙는 작은 표시일 뿐이다.

자신만의 세계에서 빠져나와
맥락에 스며들기

완벽주의 때문에 꾸물거리는 사람에게 흔히 보이는 특징 중 하나가 '끝맺음의 지연'이다. 이른바 완수 지연이다.

완수 지연은 결국 평가 상황에 대한 회피로부터 시작된다. 완벽주의형에게 평가는 예측할 수 없는 폭풍 같다. 내면의 불안이 큰 이들은 모든 것을 통제해야만 안정감을 느낀다.

그런데 평가라는 것은 언제나 타인의 손에 달려 있다. 그래서 완벽주의형의 마음속에서는 '평가＝파국'이라는 공식이 자동으로 성립된다. 불안은 더욱 증폭되고, 시야는 점점 좁아진다.

어떤 이는 중요한 면접을 앞두고 "심사위원들이 나를 몰아붙이면 어떡하죠?"라고 떨며 말한다. 그럴 때 누군가는 가볍게 조언한다.

"면접실 밖에서 보면 그냥 길 걷는 사람 중 하나예요. 괜히 너무 겁먹지 마요."

완벽주의형은 타인도 자신만큼 미세한 결점까지 들춰볼 거라고 믿지만, 실제로 대부분의 사람은 '중요한 부분을 중심으로' 평가할 뿐이다. 우리가 상상하는 만큼 세밀하고 무자비한 비평가는 생각보다 드물다.

완벽주이라는 갑옷 속에 숨겨진 날선 시선

완벽주의형은 자신을 의심하는 것만큼이나 타인을 신뢰하지 못한다. 어릴 적, 주변 사람들이 응원해주기는커녕 비평가의 시선으로 질책했을 가능성이 크다.

그들이 던지는 메시지는 늘 비슷하다.
"약점 보이면 끝난다."
"승자만 살아남는다."

"틀리면 손가락질당한다."

이런 구도가 오래 지속되면, 관계란 '평가하는 사람 대 평가받는 사람', '승자 대 패자'의 구조로 굳어져버린다. 그 안에서는 배움도 성장도 일어나지 않는다. 남는 것은 긴장, 회피, 그리고 때때로 분노뿐이다.

이 마인드셋이 깊어지면 완벽주의형은 'A형 성격'[55]의 전형적인 모습을 띠게 된다. 성취지향적이지만 관계는 얕고, 일은 잘하지만 사람에게 마음을 열기 어렵다. 팀장을 맡으면 업무도 스스로 쥐고 있으려 하고, 팀원에게 맡기면 불안해 견디지 못한다.

그래서 모든 일을 직접 확인하고, 작은 것 하나도 놓치지 않으려 애쓰다가 결국 일이 늦어진다.

'자기만의 항아리' 속에서 탈출하는 방법

완벽주의형은 걱정이 가득한 '자기만의 항아리' 속에 고개를 파묻고 사는 경우가 많다.

디테일에만 몰두해 주변을 보지 못하고, 동료가 건네는 현실적인 조언조차 귓등으로 흘려보낸다.

문제는, 이런 태도가 쌓일수록 동료들은 그들을 "함께 일하기 까다로운 사람"으로 느끼게 된다는 것. 그러면 완벽주의형은 스스로 믿어온 가설을 확인한다.
"역시… 사람은 믿을 수 없어."

불신은 고립을 낳고, 고립은 다시 불안을 키운다. 악순환이다.

이 흐름을 끊기 위해서는 맥락 속에서 나를 바라보는 시야가 필요하다. 조직 안에서 나는 하나의 구성원일 뿐이며, 동료들과 서로 얽혀 존재한다.

리더라도 마찬가지다. 내가 지휘자라면, 팀원은 각자 악기를 다루는 연주자다. 나 혼자서 완벽한 연주를 준비하는 동안, 이미 대기 중인 연주자들이 목을 빼고 기다리고 있을 수도 있다.

어떤 팀원은 특정 분야에서 나보다 훨씬 능숙하다. 그에게 맡기는 것이 더 효율적이다. 평가가 두려워 완수를 미루고 있을 때도, 사실은 그 평가의 충격을 함께 나눌 사람들이 곁에 있다.

이 사실을 깨달으려면 완벽주의의 항아리 밖으로 나와야 한다.

마음의 근육을 키우는 새로운 언어

맥락 속에서 타인과 어울리기 위해, 완벽주의형은 익숙하지 않은 새로운 언어를 배워야 한다.

"충분히 잘했어."

"과정도 중요한 거야."

"지금 완벽하지 않아도, 나중에 고칠 기회는 있어."

이런 문장은 나약함이 아니라 심리적 회복탄력성의 기반이다.

자비는 고통을 덜어주는 가장 강력한 심리적 도구다. 흔히 자비를 타인을 위한 따뜻한 마음이라고 생각하지만, 사실 가장 먼저 필요한 것은 '자기 자비self-compassion'[56]다.

평가 상황이 다가와 불안이 치솟을 때, 완벽주의형은 자기 자신에게 늘 이렇게 속삭인다.

"아직 부족해. 더 확인해. 실수하면 끝나는 거야."

이 메시지를 바꿔야 한다.

"평가가 어떻게 돌아올지는 모르지만, 나는 최선을 다했고, 나를 지지해줄 사람들이 옆에 있다."

이 목소리가 마음속에서 깨어나는 순간, 완벽의 갑옷은 조금씩 벗겨지고, 대신 더 넓은 세계와 자연스럽게 연결될 여유가 생긴다.

완벽주의를 유연함으로 바꾸는 1일 실천법

하루를 시작하기 전, 오늘 가장 필요한 문장을 한 가지 골라 실천 목표로 삼고, 저녁에는 그 문장이 실제로 어떤 변화를 만들었는지 짧게 되돌아보는 방식으로 활용하면 효과적이다.

이렇게 작은 문장을 반복해 삶에 스며들게 하면, 완벽주의로 굳어 있던 사고 패턴이 서서히 따뜻한 방향으로 재구성된다.

구분	기존 반응 (완벽주의형 자동 사고)	훈련 목표 (자기 자비 마인드셋)	적용 예시
실수 해석	"이런 실수를 하다니, 나는 역시 부족해."	"실수는 성장 과정의 일부야. 누구나 겪는 자연스러운 경험이야."	실수 후 3분 동안, '배운 점 1가지'를 적기
자기평가 기준	"완벽하지 않으면 의미가 없어."	"충분히 좋은 결과도 삶을 앞으로 움직인다."	과제 시작 전 '이번 작업의 최소 성공 기준'을 적어보기
감정 대하기	"왜 이렇게 불안하지? 이러면 안 되는데."	"불안해도 괜찮아. 지금의 감정은 나를 지키려는 신호일 뿐이야."	불안할 때 손을 가볍게 가슴에 올리고 '지금 괜찮아'라고 말하기
자기 말투	"빨리 제대로 해! 또 실수하면 끝이야."	"지금 충분히 잘하고 있어. 조금씩 해나가면 돼."	자기 메시지를 친구에게 말하듯 부드럽게 바꿔보기
비교 성향	"남들은 다 잘하는데 나는 왜 이러지."	"각자의 속도와 길이 있어. 나는 나의 궤도에서 성장 중이야."	SNS 비교가 올라올 때 휴대폰 잠시 뒤집어두고 '나의 속도' 문장 쓰기

실패 두려움	"망치면 어떡하지? 이러다 다 무너질 거야."	"결과는 통제할 수 없지만, 노력과 배움은 언제나 내 편이야."	시작하기 전 '오늘 내가 통제할 수 있는 3가지' 적기
몸과 마음 연결	"감정 따위 무시하고 밀어붙여야 해."	"지금 몸이 보내는 신호를 들어보자. 쉬거나 천천히 가도 괜찮아."	1시간마다 30초 동안 호흡만 관찰하는 루틴 설정
고립감 해소	"나만 이런가 봐."	"지금의 어려움은 많은 사람들이 겪는 보편적 경험이야."	어려움이 생기면 '누구나 이런 순간이 있다'라고 스스로 되뇌기
책임감 조절	"모든 걸 내가 책임져야 해."	"할 수 있는 만큼 하고, 나머지는 함께 나눌 수 있어."	동료에게 중간 점검 요청하는 연습
자기 돌봄	"쉬면 나태해지는 거야."	"돌봄은 나를 다시 일으키는 연료야."	하루에 10분이라도 '나만을 위한 휴식 행동' 넣기

꾸물거림 충동을
잠재우는 탈융합법

많은 사람이 스트레스의 원인을 '사건 그 자체'로 생각한다. 하지만 실제로 우리를 괴롭게 만드는 것은 사건에 덧붙인 해석이다.

신제품에 대한 리뷰가 조금 부정적일 뿐인데도, 그것을 '나라는 사람에 대한 공격'으로 해석하는 순간 마음이 격하게 흔들린다. 감정이 상한 채로는 사안을 건설적으로 다루기 어렵다. 홧김에 답글을 달거나, 부하 직원에게 괜한 화를 내고 뒤늦게 후회하는 악순환이 반복된다.

인지행동치료에서는 이 과정을 A-B-C 모델로 설명한다.

- A(선행사건) : 중간 보고에서 예산 오류가 발견된다. 당혹스럽지만 수정하면 된다.
- B(신념) : 오류는 절대 있어서는 안 된다.
- C(후속결과) : 수치심, 방어, 변명, 더 큰 신뢰 하락.

'생각을 바꾸라'는 접근은 단기 효과는 있었지만, 깊은 상처를 가진 사람에겐 충분하지 않았다. "머리로는 알겠는데, 실수하면 심장이 철렁 내려앉는다"는 호소는 흔했다.

그래서 제3세대 인지행동치료, 특히 '수용전념치료ACT–Acceptance Commitment Therapy'[57]는 생각, 감정, 정체감을 함께 다루는 새로운 방식으로 방향을 틀었다.

이 치료가 강조하는 '탈융합diffusion'은, 감정이나 생각이 곧 '나 자신'이라고 믿게 만들었던 접착제를 떼어내듯, 떠오르는 생각·감정을 한 걸음 떨어져 바라보고 그것에 휘둘리지 않도록 돕는 기술이다.

이를 통해 사람은 불안과 자신을 분리하고, 감정이 시키는 대로 행동하기보다 스스로 선택한 방향으로 움직일 수 있게 된다.

불안은 내가 아니다, 잠시 머물다 가는 파도일 뿐

완벽주의형은 '불안'과 '나'의 경계가 거의 없다. 불안이 올라오면 그 불안이 곧 나의 전부가 된다.

슬픔과 융합된 사람은 세상과 단절되고, 분노와 융합된 사람은 타인을 공격하듯, 불안과 융합된 완벽주의자는 불안이 시키는 대로 미루고 회피한다. 회피가 쌓이면 포기가 되고, 포기한 경험은 다시 불안을 키운다.

상담 현장에서 자주 사용하는 것이 '예외 질문'[58]이다.
"지금도 늘 불안한가요?"
"불안에서 벗어나는 순간은 전혀 없나요?"

반려동물과 있을 때만은 평온했다거나, 점심시간에 혼자 산책할 때는 괜찮았다는 작은 예외를 발견하는 순간, 완벽주의형은 처음으로 깨닫는다.

"불안이 나의 전부는 아니구나."

불안은 파도처럼 일었다가 이내 사라진다는 사실을 새로

운 마인드셋으로 삼는다. 탈융합의 핵심은 감정에 이런 성질이 있다는 것을 체감하는 것이다.

불안은 올라왔다가, 머물렀다가, 저절로 내려간다.

불안을 길게 붙잡아 두는 건 감정이 아니라 그 뒤에 이어지는 생각이다.

"이번에도 완벽하게 했겠지?"라는 상사의 말은 잠깐 불안을 일으키지만, "이번에 실수하면 끝이다"라는 스토리를 덧칠하는 순간, 증폭된 감정이 우리를 짓누르기 시작한다.

탈융합은 이 연결을 끊는 기술이다. '불안하네' 하고 알아차리되, 그 뒤에 판단, 예측, 평가를 이어 붙이지 않는다. 마치 밖에서 나를 바라보는 관찰자처럼 한 걸음 물러서는 것이다.

이미지 기법도 도움이 된다. 짧게 눈을 감고, 빨간빛의 불안 덩어리를 하나의 나뭇잎에 올려본다. 그 나뭇잎이 냇물을 따라 부드럽게 흘러가는 장면을 떠올리면, 불안이 천천히 흩어지는 경험을 몸으로 이해할 수 있다.

탈융합의 목표는 단순하다. 심리적 유연성. 휘어지지만 꺾이지 않는 마음.

절망의 골짜기를 건너 일의 중심으로 돌아오는 법

탈융합은 꾸물거림 충동을 막아주는 강력한 도구다. 불안이 올라올 때마다 "이 불안의 근거가 정말 있나?" 한 번만 점검해보라.

- 일의 범위는 파악했는가?
- 마감기한은 알고 있는가?
- 필요한 자료와 단계는 정리했는가?

이 세 가지가 준비되었다면 이미 충분하다. 남은 불안은 근거 없는 '기분의 잔상'에 가깝다.

이때 짧은 환기 기법이 필요하다.

- 3분 산책
- 마음이 차분해지는 사진 보기
- 손에 익은 기도문이나 짧은 문구 되뇌기
- 이완 호흡 1분

중요한 건 길게 끌지 않는 것이다. 불안이라는 파도는 그저 지나가게 두면 된다. 그 사이 당신은 다시 일의 중심으로 돌아올 수 있다.

일하고 싶게 만드는
몰입의 기술

이번 장에서는 불안이라는 파도를 홀로 감당해온 완벽주의형에게 조금이라도 숨을 고를 공간을 만들기 위해, 미루는 습관을 다루는 기본기를 이야기했다.

완벽주의형에 집중한 이유는 단순하다. 이들은 누구보다 힘겨워하지만, 동시에 누구보다 멀리 갈 수 있는 사람들이기 때문이다.

불안 때문에 무너질까 두려워도, 그 속에서 묵묵히 견디며 쌓아온 힘은 어떤 이에게도 쉽게 주어지지 않는 깊은 내력이다.

한 줄의 실수를 찾아내기 위해 같은 문서를 스무 번 넘게 들여다보는 그 끈기, 결과물을 조금이라도 더 좋은 상태로 만들고자 애쓰는 그 마음은 결코 사라지지 않는다.

그러나 , 완벽주의형의 세계는 전혀 다른 빛을 띤다. 막혀 있던 곳에 숨길이 트이고, 흐릿했던 맥락이 선명해지며, 어둠 속에서도 나를 지탱해준 사람들이 보이기 시작한다. 마음속에 작은 여유가 피어나고, 감정은 살 만한 온도를 찾는다.

그 순간 완벽주의형은 단순히 일을 '잘하는 사람'을 넘어, 옆 사람의 마음까지 살피는 신뢰받는 동료가 된다. 기세를 이어가기만 한다면, 앞으로의 길은 훨씬 부드럽고 단단해질 것이다.

하지만 한 가지 기억해야 한다. 학습심리학이 말하듯, 한동안 잠잠했던 행동이 다시 고개를 드는 순간을 '자발적 회복'[59]이라 한다.

꾸물거림도 마찬가지다. 익숙했던 패턴은 작은 틈만 있어도 스며든다. 불안을 피하기 위해 디테일에 매달리고, 평가가 두려워 완성을 미루는 예전의 방식이 다시 속삭일 때, 스스로에게 이렇게 말해야 한다.

"이젠 예전의 방식으로 돌아가지 않겠다."

더는 꾸물거림이 발붙일 자리가 없음을 스스로 선언하는 것이다.

'완벽할 때'라는 미신에서 벗어나기

완벽주의형이 자주 입버릇처럼 말하는 문장이 있다.
"아직은 때가 아니다."
"조금만 더 준비해야 한다."
"애매하다."

완벽한 타이밍이 오면 마음이 자연스레 열리고, 손이 저절로 움직이며, 일은 물 흐르듯 진행될 것이라 믿는다.
그러나 삶은 그런 기적을 쉽게 허락하지 않는다.
완벽한 순간을 기다리다 보면 하루가, 주말이, 한 달이 조용히 사라진다.

이것은 때를 기다리는 것이 아니라, 삶을 미루는 일이다.

달력의 날짜, 정각의 시침, 책상의 배치, 노트북의 각도…
이 모든 것이 맞아 떨어져야 비로소 집중할 수 있다는 믿음
은 얼핏 그럴듯하지만, 실은 우리의 마음을 가두는 작은 미
신일 뿐이다.

몰입, 우리가 준비한 만큼 찾아오는 귀한 손님

칙센트미하이가 말한 '몰입flow'은 노력과 집중이 한 방향
으로 깊이 스며들며 내적인 시간이 조용히 멈추는 순간을
뜻한다.

완벽주의형이 평생 찾아 헤맨 바로 그 상태이기도 하다.
하지만 몰입은 어느 날 우연히 문을 두드려주는 손님이 아
니다.

우리가 초대한 만큼, 우리가 준비한 만큼 찾아오는 손님
이다.

몰입을 부르는 조건은 생각보다 단순하다.

① 능력과 난이도의 균형 맞추기

스스로를 의심해 일의 난이도를 과장하게 될 때는
나를 믿어주는 누군가의 말 한마디가 시야를 바로잡아 준다.
타인의 관점은 불안을 가라앉히는 놀라운 힘이 있다.

② 명확한 목표와 두 번의 피드백

막연한 완벽이 아니라, 손에 잡히는 청사진을 먼저 그린다.
방향을 맞추는 피드백 한 번, 완성도를 높이는 피드백 한 번.
이 두 번의 점검만으로도 불필요한 집착이 크게 줄어든다.

③ 일에 자신의 가치를 비추기

외적인 보상은 오래가지 않는다.
마음속 깊은 가치(정직, 배움, 기여, 호기심, 관계)와 연결될 때
비로소 몰입은 나에게 다가온다.
"지금 이 일은 내 성장의 한 부분이다."
하나의 인식은 집중의 불씨로 살아난다.

혼자만의 성취를 넘어 함께 성장하는 기쁨

한 번이라도 몰입의 깊은 기쁨을 맛본 사람은 꾸물거림이
라는 단기적 달콤함으로 돌아갈 수 없다. 그 기쁨은 마치 일
의 흐름 속에서 조용히 건져 올린 '작은 자유'와도 같은 것
이기 때문이다.

이 기쁨을 동료와 나누면 팀 전체의 호흡이 달라지고, 성과는 자연히 배가된다. 리더라면 팀원 각자의 강점을 이해하고 요구사항을 분명히 전달하며 존중 속에서 피드백을 주고받는 문화를 만들어야 한다.

가치가 다른 구성원들이 있다면 우열을 따지지 말고 그 차이를 자산으로 삼아라. 관계를 중시하는 팀원은 팀의 공기를 따뜻하게 만들고, 호기심이 강한 팀원은 새로운 길을 여는 것이 가능하다.

몰입은 결국 혼자만의 성취가 아니라, 함께 만들어가는 리듬이기 때문이다.

PART 3

감정 소모 없이
미루는 사람과 일하는 법

꾸물거림을 다루는 심리학

시간 관리를 못하는 직원과 소통하는 노하우

'꾸물거림'을
혼내지 않고 다루기

직장에서 시간을 지키지 못하는 사람을 보면 마음이 편치 않다. 회의는 늦게 시작되고, 보고서는 기한을 넘기고, 피드백도 제때 오지 않는다. 이런 작은 느슨함이 쌓이면 개인의 문제가 아니라 팀 전체의 리듬이 틀어지고, 조직의 공기도 흐려진다.

그러나 기억해야 한다. 혼내는 것은 해결이 아니다. 잠깐은 속이 시원할 수 있지만, 변화는 일어나지 않는다. 오히려 상대는 움츠러들고, 꾸물거림은 더 조용하고 교묘한 방식으로 반복된다. 당신이 진정으로 원하는 것은 두려움이 아니라 지속되는 변화다.

초점은 '사람'이 아닌 '행동의 결과'

꾸물거림을 다룰 때 가장 피해야 할 것은 상대의 인격을 건드리는 말이다. "왜 게으르냐?", "왜 이렇게 무책임하냐?"라는 말은 대화의 문을 닫고 방어만 불러온다.

불편한 감정만 남고 꾸물거림은 그대로다.

초점은 '사람'이 아닌 행동의 결과에 맞춰야 한다.

- 회의에 늦는 건 개인 문제가 아니다. 팀의 10분은 개인의 10분보다 무겁다.
- 보고서를 제시간에 못 내면 혼자만의 책임이 아니라 팀 전체의 성과로 기록된다.

이렇게 말하면 꾸물거림은 성향이 아니라 조직에 영향을 주는 행동으로 명확히 드러나고, 변명의 여지는 자연스럽게 줄어든다.

자상함과 엄격함이 있어야 변할 수 있다

꾸물거림을 바로잡으려면 먼저 왜 미루는지 듣는 태도가 필요하다.

- 회의 준비가 촉박한 건 알겠다.
- 보고서 작성이 낯설다는 건 이해한다.

이 짧은 문장들은 마음을 열게 한다.

그러나 듣기만 하면 방조가 된다. 이해 뒤에는 반드시 요구가 따라야 한다.

- 회의 준비가 촉박하더라도 시간은 지켜주길 바란다.
- 보고서 작성이 낯설다는 건 이해한다. 그러나 마감일은 약속된 부분이라 조정이 힘들다.

자상함과 엄격함이 함께 있을 때 비로소 변화는 현실이 된다.

기대치를 분명히 하라

꾸물거림은 대개 모호함에서 자란다. "빨리 해"라는 말은 기준이 아니라 감정의 표현일 뿐이다. 따라서 언제, 무엇을, 어느 수준으로 해야 하는지 구체적으로 제시해야 한다.

- 회의 지각 : "회의는 시작 5분 전에 앉아 있어라. 자료는 그 시간에 준비돼 있어야 한다."
- 보고서 지연 : "금요일 오후 3시까지 두 가지 안을 비교한 자료를 제출하라. 늦으면 안건에서 제외한다."
- 피드백 미루기 : "내일까지 수정 포인트 반영해 다시 보내라. 이후에는 검토하지 않는다."

기준이 분명해지는 순간, 꾸물거림은 설 자리를 잃는다.

작은 성공을 축적하라

사람은 먼 미래의 보상보다 눈앞의 인정에 강하게 반응한다. 작은 성취라도 즉각적으로 인정하면 꾸물거림은 점점 힘을 잃는다.

- "오늘 자료 정리는 좋았다. 다음 단계로 가자."
- "이번에는 제시간에 도착했네. 다음에도 이걸 기준으로 하자."

이렇게 작은 성과를 인정받으면 '할 수 있다'는 감각이 다시 살아나고, 꾸물거림 대신 새로운 습관이 자리 잡는다.

본보기가 되어라

리더가 시간을 지키지 않으면 팀 규율은 쉽게 무너진다. 리더가 회의에 늦으면 직원도 늦고, 리더가 보고서를 미루면 어느 누구도 마감의 의미를 무겁게 받아들이지 않는다.
따라서 먼저 선언해야 한다.

"나는 내 시간을 먼저 지키겠다."

이 한 문장이 팀 문화를 끌어올리는 가장 강력한 신호가 된다.

✏️ 상황별 실전적 대응 전략

① 회의 지각

- 규칙 : 시작 5분 전 착석, 자료 준비 완료.
- 대응 : "회의 시작 후 들어오면 발언권은 없다."
- 팁 : 초반 5분에 핵심 브리핑을 배치해 지각의 손해를 명확히 하라.

② 보고서 지연

- 규칙 : 마감일, 시간, 형식을 구체적으로 지정.
- 대응 : "마감 이후 제출 자료는 안건에서 제외한다."
- 팁 : '지각 자료 무효' 원칙을 세우면 직원은 시간이 곧 자신의 존재감이라는 사실을 깨닫는다.

③ 피드백 미루기

- 규칙 : 24시간 내 회신.
- 대응 : "내일까지 답 없으면 승인으로 간주한다. 책임은 네게 있다."
- 팁 : '책임 전가 규칙'을 만들어 미루는 쪽이 자연스럽게 불이익을 감수하는 구조를 만들어라.

감정 공감과 행동 유도를 병행하는 피드백

'이 정도는 기본 아닌가?'

많은 관리자가 부하 직원의 미완성 초안을 보며 속으로 이렇게 생각한다. 마감도 알려줬고, 난도도 높지 않은데 왜 또 늦을까. 관리자의 눈에는 책임감 부족처럼 보인다.

하지만 부하 직원의 마음은 전혀 다르다.

"이건 기본이잖아."

상사의 말 한마디에 자신감이 사라지고, 몸이 움츠러든다. 특히 즉각적인 인정에 민감한 세대일수록 이런 부정적 언어는 바로 압박으로 작용한다. 처음엔 하루이틀 늦어지던 일이지만, 시간이 갈수록 상사의 피드백 자체가 심리적 장벽이 된다.

회의에서 이름이 불릴까 조마조마하고, 사소한 수정 요청에도 마음이 얼어붙는다. 그러다 결국 또 다른 생각이 자리 잡는다.

"어차피 지적받을 거면… 차라리 막판에 내자.'

관리자는 속도를 원하지만, 부하 직원의 발걸음은 점점 느려진다.

관리자의 입에서는 자연스럽게 이런 말이 튀어나온다.

"왜 이렇게 늦었습니까?"

"좀 더 책임감을 가져야죠."

그러나 지적은 꾸물거림을 줄이는 해법이 아니라, 방어와 회피를 키우는 불씨가 된다. 다그칠수록 부하 직원은 핑계를 찾고, 일은 더 늦어진다.

공감 없이 몰아붙이는 방식으로는 결코 속도가 나지 않는다.

공감으로 마음의 문을 연다

관리자도 지쳐 있다. 하루에도 수십 통씩 쏟아지는 연락, 위에서는 보고 압박이 내려오고 아래에서는 문제 해결 요청이 꼬리를 문다. 이런 상황에서 일마저 늦춘 부하 직원을 보고 있으면 속으로 이런 생각이 치밀어 오른다.

"왜 다 큰 어른을 달래가며 일해야 하지?"

하지만 조직은 감정에서 움직인다. 부하 직원의 마음이 닫히면 아무리 정교한 일정관리 시스템을 도입해도 소용없다. 불안과 압박 속에서 억지로 움직이는 사람은 잠깐 성과를 낼 수 있어도, 금새 저항과 피로가 쌓여 더 큰 꾸물거림으로 돌아온다.

결국 관리자의 첫 과제는 '달래기'가 아니라, 협력이 가능한 마음의 상태를 만드는 것이다. "요즘 일이 워낙 많아서 초안 정리가 쉽지 않았을 거라 생각했습니다."

이 한 문장은 시간을 들인 친절이 아니라, 성과를 만드는 첫 관문이다.

기분이 태도가 되어서는 안 된다. 하지만 좋은 기분은 상

대의 마음을 연다. 이 당연한 사실을 인정하는 순간, 협력의
문이 열린다.

핵심과 출발점을 명확히 알려준다

공감은 문을 여는 역할이고, 행동을 이끄는 힘은 '기준 제
시'에서 나온다. 일의 전체를 다 하라는 것이 아니라, 어디
서부터 시작하면 되는지 출발점을 정해주는 것이다.

예를 들어, 부하 직원이 시장조사 보고서를 늦추고 있다
면 이렇게 말할 수 있다.
"이번 보고서에서 경영진이 가장 궁금한 건 소비자 반응
이에요. 지난 분기 소비자 불만 요인을 먼저 정리해주세요."

핵심을 정확히 짚어주면, 부하 직원은 '모든 것을 다 해야
한다'는 막연한 압박에서 벗어난다. 중요한 한두 항목만 명
확해져도 불안은 줄고, 실행력은 오른다.

사람은 '분명한 첫 단계'가 보일 때 움직인다.
애매함을 제거하는 것이 곧 행동의 에너지가 된다.

분량과 착수 시점을 함께 정한다

이제 바로 움직일 수 있도록 구체적인 범위와 시작 시점을 합의한다. 예를 들어 이렇게 말할 수 있다.

"파워포인트 7장 정도로 초안을 잡아보면 어떨까요? 디자인은 빼고 핵심 데이터와 구조만 우선 넣어주세요. 그리고 오늘 오후나 내일 오전 중 언제 시작하는 게 편할지 이야기해봅시다."

꾸물거림의 가장 큰 원인은 과제의 규모에서 오는 압도감이다. 작업량이 명확하고 작아질수록 시작의 문턱은 낮아진다.

또한 초안 단계에서 과도한 시각적 완성도를 고민하면 에너지가 분산돼 일은 더 늦어진다. 그래서 초기에 집중해야 할 범위를 제한해야 한다.

그리고 마감 기한보다 더 중요한 것은 착수 시점이다. 부하 직원이 스스로 "언제 시작하겠다"고 결정하면 행동 의지는 두 배가 된다. 시작이 분명하면 움직임도 분명해진다.

시작은 작게, 진행은 자율적이고 집중적으로, 이 조합이
갖춰지면 꾸물거림이 자연스럽게 줄어든다.

관리자의 말 한마디가 일이 굴러가는 속도를 바꾼다. 공
감으로 열고, 기준으로 안내하고, 착수로 연결하는 피드백
이 결국 팀의 전체 리듬을 살린다.

'미루지 마'보다
효과적인 대화법

마감이 다가오거나 상위 보고 일정이 촉박할수록, 관리자는 본능적으로 "미루지 말라"고 말하게 된다.

하지만 말은 의도와 다르게 부하 직원의 마음속에서 역효과를 차례로 불러온다.

지시는 이미 시간도, 분량도 정해진 말

가장 먼저 찾아오는 감정은 '주도권을 빼앗겼다'는 느낌이다.

"오늘 중으로 전부 마무리해라"라는 말은 시간도, 분량도 이미 정해진 지시다.

입으로는 "네, 알겠습니다"라고 답하지만, 속에서는 '내 생각대로 할 수 없겠구나' 하는 숨은 저항이 생긴다.

직원은 노골적으로 거절할 수 없다. 대신 무의식적으로 작은 자유를 지키려는 행동이 나타난다. 메일함을 정리하거나 단순한 업무부터 처리하며 착수를 늦추는 식이다.

이럴 때는 바로 지시하기보다, 맥락을 먼저 설명하고 해결 방식을 함께 찾는 것이 더 효과적이다.

"이 자료를 목요일까지 공유해야 다른 부서가 다음 주 바로 활용할 수 있어요. 어떻게 하면 기한 내에 진행할 수 있을까요?"

이렇게 이야기하면, 지시는 상사의 명령이 아니라 팀 전체가 움직이기 위한 필요로 전달되고 직원의 주도성이 살아난다.

회피회로의 작동

반발심이 쌓이면 과제가 실제보다 훨씬 커 보인다. 편도체는 일방적인 지시를 위협 신호로 받아들이고, 몸은 긴장 상태로 들어간다. 그 순간 계획을 세우는 뇌의 전전두엽 기능이 잠시 느려지며, 문제 해결보다 회피와 방어가 먼저 작동한다.

실패에 민감한 직원일수록 이 경향이 두드러진다. '미흡하게 제출해 지적받느니, 차라리 안 하는 게 낫다'는 심리가 작동하면서, 미루기가 일종의 보호막이 된다. 결과가 미완성으로 남는 편이 심리적으로 덜 위협적이기 때문이다.

이때는 "미루지 마라"라는 경고보다, 완료 후 얻게 될 보상을 보여주는 언어가 더 큰 힘을 낸다.
"이 부분만 끝내면 전체 보고서의 45%가 완성돼요."

과제는 위협이 아니라 도달 가능한 목표로 바뀌고, 회피회로는 자연스럽게 힘을 잃는다.

'또 민폐를 끼쳤구나…' 자기비난의 시작

부하 직원들은 지적을 받으면 생각보다 깊게 자신을 탓한다. '다음에는 더 잘해야지'라는 반성 수준을 넘어, '또 민폐를 끼쳤구나…' 하는 자기비난으로 흐르기 쉽다. 이 부정적 평가는 자신감을 흔들고, 의욕을 꺼뜨린다.

감정이 가라앉지 않으면 뇌는 문제 해결보다 감정 진정을 우선한다. 그래서 단순한 반복 업무로 도망치고, 중요한 과제는 자꾸 뒤로 밀린다. 이 악순환이 계속되면 마감은 더 늦어지고, 자책은 더 깊어진다.

이때 가장 도움이 되는 말은 잘하는 것을 먼저 짚어주는 것이다.

"지난번 프로젝트에서 자료 정리 정말 좋았어요. 그때처럼 하려면 무엇부터 시작하면 좋을까요?"

구체적인 강점은 직원에게 자신의 성공 경험을 떠올리게 하고, '나는 할 수 있다'는 확신을 회복시킨다. 이 믿음이 행동력을 끌어올리고, 미루기를 줄이는 심리적 기반이 된다.

말 한마디로 바꾸는 팀의 실행력

'미루지 마라'는 말은 반발 → 회피 → 자책이라는 불필요한 긴장을 만들어낸다.

그러나 관리자가 대화의 결을 조금만 바꾸면, 같은 메시지도 훨씬 더 동기를 일으키는 방식으로 전달할 수 있다.

결국 어떻게 말하느냐가 실행 속도와 팀의 사기를 결정한다. 꾸물거림을 꾸짖는 말 한마디가 조직의 공기를 가라앉힐 수도, 성장을 이끄는 출발점이 될 수도 있다. 그 선택은 관리자의 언어에 달려 있다.

반복적인 지연 원인을
파악하는 질문들

부하 직원에게 업무가 늦은 이유를 물어보면, 대개 "자료가 늦게 들어왔습니다" 같은 짧은 대답만 돌아온다.

관리자 입장에서는 무엇이 걸림돌이었는지, 어디서 시간이 많이 걸린건지 알 수 없어 답답하다. 표면적인 사유만으로는 반복되는 지연의 진짜 원인을 알 수 없기 때문이다.

"왜 늦었어?"라는 추궁형 질문으로는 원인을 파악하기 어렵다. 일이 밀리는 이유는 과정, 지원, 감정이라는 세 영역에서 얽혀 나오기 때문에, 이 세 가지를 골고루 살피는 방식이 훨씬 효과적이다.

과정을 듣다 보면 어디서 시간이 새는지 드러나고, 필요한 지원을 알게 되면 해결책이 구체화된다. 그리고 감정까지 살피는 것은 부담이 아니라 협업을 지속시키는 관계 인프라를 구축하는 일이다.

업무의 흐름은 결국 관계의 탄탄함 위에서 움직인다.

과정을 묻는 질문

일이 밀리는 직원 앞에서 관리자는 답답함과 조바심이 동시에 밀려온다. 문제가 무엇인지 모르니 다음 계획도 세우기 어렵고, 면담을 해도 소득 없이 끝날까 걱정되기도 한다.

이럴 때 가장 빛을 발하는 질문이 있다.

"작업 과정을 짧게 설명해줄래요?"

직원이 자신이 걸어온 작업 경로를 순서대로 말하기 시작하면, 관리자는 그 흐름을 함께 따라가며 병목 구간을 자연스럽게 확인할 수 있다.

이때 관리자가 할 일은 단 하나다. 이다. 설명 도중에 자꾸 끼어들면 지적하려고 묻는 것처럼 보이기 쉽다. "그 단계에서 어떤 고민을 했나요?" 같은 짧은 보충 질문으로 흐름의 빈칸만 메우면 충분하다.

그리고 직원의 설명을 간단한 메모나 화이트보드로 정리해 시간이 많이 걸린 구간과 작업 흐름을 시각적으로 공유하면, 책임을 꼬집는 대신 구조를 바라보며 해결책을 논의하게 된다. 팀의 대화가 훨씬 생산적인 방향으로 이동한다.

함께 해결책을 찾는 질문

무엇이 필요한지 묻는 질문은 형식적인 절차가 아니다. 이 질문은 직원의 마음을 놓이게 하고, 실행의 무게를 나누는 대화다.

직원은 자신이 겪는 어려움을 솔직히 말할 수 있고, 그것을 해결할 지원을 실제로 받을 수 있다는 기대가 생긴다.

무엇보다 이 질문은 직원에게 이렇게 말하는 것과 같다.

그 순간, 꾸물거림 뒤에 숨어 있던 긴장이 풀리고 신뢰가 자란다. 이 신뢰가 쌓이면 직원은 새로운 과제를 맡아도 '혼자 버텨야 한다'는 압박에서 벗어나, 필요할 때 도움을 요청할 수 있는 심리적 안전망을 갖게 된다.

이 심리적 안전감은 자신감의 원천이며, 불안과 회피가 만들어내는 미루기를 실질적으로 줄여준다.

부담감과 막막함의 감정을 조절

감정 질문은 협업을 막는 감정적 걸림돌이 있는지 가볍게 확인하는 과정이다. 꾸물거림은 종종 기술 부족이 아니라 감정 조절의 어려움에서 나온다. 부담감, 막막함 같은 감정을 조절하지 못하면 시작 자체가 늦어진다.

감정 질문은 상담을 한다는 뜻이 아니다. 그저 일의 흐름을 막는 감정적 요인이 있는지 확인하고, 앞으로 비슷한 상황에서 어떤 방식이 도움이 될지를 함께 찾는 과정이다.

예를 들어, 막막함 때문이라면 일을 쪼개고 중간 점검을 짧게 설정해 리듬감을 회복시킬 수 있다.

감정을 묻는다고 해서 부모처럼 깊게 개입할 필요도 없다. 중립적인 어투로 현재의 상태만 확인하고 다음 단계를 정하면 충분하다. 이렇게 하면 관리자는 소진되지 않으면서도, 팀의 실행 속도와 신뢰를 동시에 지킬 수 있다.

신뢰를 회복하는
일대일 대화 가이드

직장 내 꾸물거림의 가장 큰 문제는 신뢰가 깨진다는 점이다. 관리자는 '이 일을 맡겨도 될까?' 하는 의문을 품고, 부하 직원은 '이미 신뢰를 잃었다'는 불안 속에서 움츠러든다. 신뢰에 금이 가면 사소한 실수에도 실망이 커지고, '역시 그럴 줄 알았어'라는 앙금이 남는다.

신뢰를 회복하는 대화는 쉽지 않다. 잘잘못을 따지다 상대가 책임을 인정하지 않으면 화가 치밀고, 서로의 말은 변명처럼만 들려 끝내 진전이 없다. 심지어 단순한 확인조차도 책망으로 받아들여지며 마음이 더 닫히기도 한다. '누가 잘못했는지'를 캐묻는 순간, 대화는 금세 엉킨다.

정말 신뢰를 회복하고 싶다면, "네가 원래 그렇지"라는 식의 언어는 금물이 된다.

그 말은 사람 자체를 문제로 만들고, 직원은 '무슨 말을 해도 소용없다'고 느끼며 입을 닫는다.

사람과 행동을 분리하고, 미루는 행동 자체가 무엇인지, 어떻게 개선할지를 중심에 두어야 비로소 대화가 열린다.

대화 시작 전, 대화의 목적부터 알린다

부하 직원은 자리에 불려 들어오는 순간 긴장한다. '내가 뭘 잘못한 거지?' 회의실 문을 열기 전, 이미 마음속에서는 방어 태세를 갖춘다. 관리자가 진심으로 문제 해결을 바라더라도 표정이 조금만 굳어도 직원은 '혼나는 자리'라고 받아들인다.

그래서 일대일 대화에서는 첫 몇 분이 대화의 성패를 좌우한다. 우선, 대화의 목적을 간단하게 알리는 것이 좋다.

"이번 일정 관련해서 잠깐 점검하려고 해요."

이 한 문장은 일종의 심리적 예고다. 우리는 무엇이 일어날지 모를 때 훨씬 긴장한다. 예고는 불필요한 불안을 내려놓게 하고 대화에 집중하게 한다.

그리고 본론으로 들어가기 전, 짧게라도 직원의 노고를 인정하는 말이 큰 효과를 낸다.

"요즘 프로젝트 때문에 바빴을 텐데 시간 내줘서 고마워요."

이 한마디는 "네 노력 전체를 부정하려는 게 아니다"라는 메시지다. 직원은 그 안도감 속에서 비로소 마음을 연다.

자리 배치와 말의 속도로 분위기를 풀어준다

자리 배치는 생각보다 큰 힘을 갖는다. 정면으로 마주 앉으면 대치하는 느낌이 강해진다. 책상의 모서리를 사이에 두거나, 가능한 경우 둥근 테이블에 앉는 방식이 훨씬 부드럽다.

원탁은 서열이 아니라 협력의 구조를 상징하며, 상하 관계가 분명한 직장에서도 "우리는 같은 편"이라는 신호가 된다.

말의 속도도 중요하다. 날카롭게 질문을 던지면 직원은 생각을 정리할 틈도 없이 방어적 대답만 내놓게 된다. 반대로, 호흡을 가다듬고 차분하게 이야기를 꺼내면 상대의 긴장이 서서히 내려간다.

대화의 공간과 속도가 안정되면 그다음 단계의 의견 교환도 훨씬 자연스럽게 이어진다.

반박 금지, 말은 끝까지 듣는다

이제 본론이다. "이번 과정을 함께 살펴볼까요?"처럼 함께 점검하는 느낌의 제안형 질문이 효과적이다.

신뢰 회복 대화는 조서를 작성하듯 흠을 찾고 고백을 받아내는 자리가 아니다. 그렇기 때문에 직원의 말을 끝까지 듣는 것이 무엇보다 중요하다.

설명 중간에 "그런데…"라고 끼어드는 순간, 직원은 '내 말을 들을 생각이 없구나'라고 느끼며 기운이 빠지고, 더 이상 말하고 싶지 않아진다.

그래서 설명이 끝날 때까지 기다렸다가, "그럼 초기 일정 조율할 때 시간이 오래 걸렸다는 뜻이군요"라고 요약해 확인하는 방식이 훨씬 생산적이다.

관리자가 자신의 이야기를 정확히 들었다는 신호로 받아들여지기 때문이다.

이렇게 들으면 직원은 억지 사과나 굴욕감 없이 미처 말하지 못한 세부 사정과 개선 아이디어까지 스스로 덧붙이게 된다. 신뢰 회복은 바로 이 자발적 해결 의지에서 시작된다.

CHAPTER 10

리더의 시간은
다르게 흐른다

리더가 시간을
바라보는 관점

왜 시간 관리를 해야 할까? 결국 중요한 일을 더 많이, 더 깊게 하기 위해서다. 시간 관리를 소홀히 하면 중요한 일보다 급한 일에 끌려 다니게 된다. 급한 일부터 처리하다 보면 본질적인 일은 뒤로 밀리고, 우리는 흐름을 잃은 통나무처럼 하루라는 급류에 떠밀린 채 흘러가버린다.

리더가 되고 나면 이 문제는 더 복잡해진다. 리더의 시간 관리는 곧 다른 사람의 시간 관리이기 때문이다. 회의와 야근이 구성원의 삶에 영향을 미치고, 리더의 일정은 팀 전체를 움직이는 공적 자원이 된다.

이렇게 중요한 리더들은 늘 시간에 쫓긴다. 해야 할 일은

많은데 해낼 시간은 부족한, 이른바 '시간 빈곤time poverty'[60]
에 시달린다.

시간 빈곤은 분주함 이상의 심리적 피로를 만든다. 우리는 과거보다 적게 일하면서도 여전히 온종일 일 생각을 한다.

이 불안은 일을 많이 해서 생긴 것이 아니라, 우리가 시간을 바라보는 가치관에서 비롯된다.

바쁨이라는 착각, 성취라는 실체

한국에서는 바쁨이 일종의 훈장처럼 여겨진다. 칼퇴를 꿈꾸면서도 '오래 일하는 사람이 더 성실해 보이지 않을까' 하는 마음에 괜히 자리를 지키곤 한다.

속도와 생산성이 절대적 가치가 된 문화에서는 바쁘게 보일 때 자신이 유능해 보인다는 착각이 생긴다. 이런 불안에서 벗어나려면 '무엇을 얼마나 오래 했는가'보다 '무엇을 끝냈는가'에 주목해야 한다.

하루의 성과를 근무 시간이 아니라 완료 목록으로 기록하면 기계적 분주함이 아니라 실제 성취에서 오는 충만함을 느낄 수 있다.

미래의 여유라는 환상 깨기

리더는 요청을 거절하기 어렵다. 팀을 위해 헌신하지 않는다는 오해도 두렵고, 협조적이지 않다는 평판이 남는 것역시 부담기 때문이다.

리더는 특히 '계획 오류'[61]에 취약하다. 미래는 지금보다 한가할 것이라는 희망적 추정을 하지만 그날이 되면 긴급한 일들로 다시 채워지기 마련이다.

따라서 리더의 일정 관리에서 가장 중요한 원칙이 있다.

"내일이 오늘보다 여유로울 것이라는 환상에서 벗어나는 것."

그러니 일정과 약속은 미래의 기대가 아니라 현실의 리듬을 기준으로 설계해야 한다.

결정과 위임,
어디에 시간을 써야 할까

"자기 일은 자기가 결정해야 하는 것 아닌가?"

리더는 이렇게 생각한다. 반면 팀원은 "방향만 잡아주면 진행하겠다"고 말한다.

팀원이 리더에게 결정을 요청하는 것은 단순히 책임을 떠넘기는 것이 아니다. 리더의 권한과 최종 책임을 인정한다는 신호이기도 하다. 리더의 시야와 위치를 존중하기 때문에 의견을 묻는 것일 수 있다.

하지만 팀원의 질문에 매번 즉시 답해주기 시작하면 문제가 생긴다. 리더는 업무 흐름이 끊기고, 팀원은 스스로 판단

하지 못한 채 늘 리더의 한마디를 기다리는 구조가 만들어
진다.

결국 리더는 결정의 병목이 되고, 팀원은 책임의 기회를
잃는다.

효율적으로 결정하기 위해서는 안건을 수집 → 조율 →
확정하는 간단한 시스템이 필요하다.

기록의 힘, 공용 보드

결정이 필요한 사안은 생기는 즉시 기록한다. 기록 주체
는 리더가 아니라 팀원 각자이다.

예를 들어 디자인 담당자는 '신규 로고 색상 확정 필요'
처럼 결정 안건을 한 줄 메모로 공용 보드(구글 시트, 슬랙
slack, 노션notion 등)에 올린다.

이렇게 하면 회의 직전에 급히 정리하는 대신 업무 중 떠
오른 안건을 바로 포착할 수 있고, 팀원들도 서로의 안건을
읽으며 배경 정보와 진행 상황을 자연스럽게 공유하게 된다.

즉시 처리할 것인가, 회의로 보낼 것인가

리더는 공용 보드를 정기적으로 점검하며 무엇을 지금 당장 결정할지, 무엇을 회의 안건으로 넘길지 분류한다.

- 즉시 결정해야 하는 사안 : 되돌릴 수 없거나 긴급한 일들이다. 마감 직전 계약 확정, 고객사의 긴급 클레임처럼 지체가 법적·재정적 손실로 이어질 수 있는 경우가 해당된다. 이런 안건은 즉시 처리해 흐름을 막지 않는다.

- 회의에서 다뤄야 할 사안 : 되돌릴 수 있거나 선택지 검토가 필요한 주제다. 디자인 콘셉트, 예산 배분, 협업 파트너 선정처럼 전략적 논의가 필요한 안건들은 회의로 넘긴다. 팀원들이 사전 자료를 검토하고 의견을 준비할 시간을 마련하는 것이다.

이때 중요한 점은 긴급성뿐 아니라 중요도도 고려해야 한다는 것이다. 급하지 않아 보이더라도 프로젝트 핵심 방향과 연결된 사안은 일찍 결정해야 전체 일정이 밀리지 않는다.

이러한 분류 과정은 리더를 온종일 괴롭히던 '즉흥적 결정 피로'를 줄여준다.

팀원 입장에서도 "이 안건은 목요일 회의에서 다뤄진다"
는 예측 가능성이 생겨, 리더에게 반복적으로 보고하고 확
인하는 부담이 사라진다.

핵심 결정은 리더가, 실행은 팀원이

회의에서 남은 안건을 결정하려면 방식을 미리 설계해야
한다.

• 회의 전날까지 서면 자료를 공유한다 : 각 안건 담당자
는 배경·선택지를 간단히 정리해 올린다. 발표 자료가
아니라, 읽기 좋은 간단한 요약이면 충분하다. 말하는
속도보다 읽는 속도가 빠르기에 회의 시간은 설명이 아
니라 결론을 향한 논의에 집중할 수 있다.

• 리더가 의견 교환 방식을 안내한다 : "모두 한 가지씩
제안해주세요"처럼 공평한 발언 규칙을 제시하면 말솜
씨 좋은 직원만 발언을 독점하는 것을 막고 회의가 길어
지는 것도 방지할 수 있다.

- 논의가 5분 이상 길어지면 리더가 결정을 내린다 : 결정 이유를 짧게 설명하면 팀원들은 방향을 이해하고 후속 작업을 이어가기 쉽다. 세부 조율과 실행은 담당자에게 위임한다. 이렇게 하면 리더는 핵심 결정권을 유지하면서도 팀원에게 실행의 주도권을 주어 속도를 높일 수 있다.

- 회의록을 즉시 공유한다 : 결론, 담당자, 마감일을 명확히 기록하면 책임 공백과 혼선을 예방할 수 있다.

리더는 핵심을 팀원은 세부 실행을 결정한다. 이 균형이 조직의 속도를 만든다.

방치형 직원에게
리더십을 발휘하는 법

프로젝트 담당자가 일정 관리를 소홀히 해 문제가 발생했을 때 리더는 난감하고 답답하다. 약속한 피드백이 지연되고, 작은 일도 방치되는 패턴이 반복되면 팀은 불안해지고 리더는 지쳐간다. "책임감을 가져라"는 지적만으로는 아무런 변화가 없다.

이 문제를 다루려면, 먼저 리더십과 시간 관리의 관계를 이해해야 한다. 리더십은 사람과 자원을 움직여 목표에 도달하게 하는 일이며, 시간 관리는 그 움직임의 리듬을 만드는 핵심 장치이기 때문이다.

긴급도를 '보이게' 해야 움직인다

사람은 급할 때 가장 빠르게 움직인다. 마감이 눈앞에 다가오면 누구나 정신이 또렷해지고, 회의가 다음 날 아침이면 의지가 아닌 '필연'으로 일을 시작한다.

그러나 업무를 방치하는 직원에게 "이번 주 안에 발표 자료 준비" 같은 추상적 지시는 전혀 압력으로 작용하지 않는다. 집중해야 할 이유가 명확하지 않기 때문이다.

그래서 리더는 '지금 가장 급한 과제'가 무엇인지 구체적으로 알려줘야 한다.

"모레 오전 9시 발표라서 이 자료가 이번 주 가장 급한 과제입니다. 오늘 오후 3시까지 핵심 슬라이드 5장 초안 올려주시고, 내일 점심 전까지 데이터 최종 확정해주세요."

기한을 먼저 제시하고, 중간 점검과 완료 시점을 구체적으로 말해주면 방치 패턴은 줄어든다.

이것은 과도한 압박이 아니라, 흐릿한 시간을 선명하게

이다.

방치를 막는 주 1회, 10분 중간 점검

누구나 알아서 잘하면 좋겠지만, 일정 관리를 스스로 하지 못하는 직원에게는 외부의 '리듬'이 필요하다.

방치형 직원에게 말을 더 덧붙이면 관계가 상할까 조심스럽고, 그렇다고 내버려두면 일이 쌓여버린다.

그래서 필요한 것이 사람을 몰아붙이지 않으면서도 움직이게 하는 시간 시스템, 바로 주 1회, 10분 중간 점검이다.

이 짧은 만남은 일이 오래 방치되지 않도록 잡아주는 안전핀 역할을 한다. 리더에게는 매주 시간을 내야 한다는 부담이 생기지만, 문제가 커진 뒤 뒤처리를 하는 데 드는 비용보다 훨씬 적다.

또 하나의 핵심은 업무를 세분화해 중간 마감 단위를 만드는 것이다.

- "다음 달까지 프로젝트 완료" → 방치형 직원에게는 '시간 많음'으로 해석됨
- "수요일까지 작년 매출 현황 정리" → 즉시 행동 단위로 전환됨

정해진 시간에 점검하고, 과제를 쪼개 리듬을 설계해주면 직원은 자연스럽게 일정에 맞춰 움직이기 시작한다.

방치형 직원에게 변화를 만드는 것은 통제가 아니라 구조화된 시간 시스템이다.

리더도 약속을 지켜야 한다

방치형 직원이 리더의 요청을 압박이 아닌 '약속'으로 받아들이려면 리더 역시 자신의 약속을 지키는 사람이라는 신뢰를 보여야 한다.

회의 일정, 피드백 날짜, 작업 기준을 정했다면 지키고, 변경이 필요하면 미리 알린다. 이 반복이 쌓여 리더의 행동은 예측 가능해지고 팀원들은 "이 리더는 예고한 대로 한다"

는 신뢰를 갖는다.

연구에 따르면, 사람들은 예측 가능한 환경에서 처리 속도가 78.7%까지 빨라진다.[62] 다음 단계를 미리 그릴 수 있어 뇌의 자동화가 가능해지고 불안이 크게 줄어들기 때문이다.

반대로 리더의 반응이 들쭉날쭉하면 직원은 언제 불똥이 튈지 몰라 불안하고, 그 불안을 피하려고 일을 더 미루게 된다.

리더가 예측 가능한 파트너가 될 때 직원은 이슈를 숨기지 않고 초기에 공유하며 리듬 있게 움직인다. 결국 리더의 약속 준수 습관이 팀 전체 속도를 높이는 핵심 장치가 된다.

리더의 미루기가
미치는 파장

최근 스스로 겪고 있는 불만족스러운 순간을 떠올려보자. 야근을 마치고 집에 도착하면 모두 잠든 뒤라 가족과 대화를 나눌 시간이 사라지고, 주말에도 업무 전화와 이메일에 쫓겨 온전히 쉬지 못한다. 운동은 미뤄지고, 재테크나 자기계발은 늘 다음 달로 밀린다. 소중한 사람들과의 관계, 건강, 개인적 성장은 뒤로 밀리고 "이렇게 지쳐가며 사는 게 맞나" 하는 회의감이 스민다.

리더가 자신의 생활을 이렇게 미루기 시작하면, 그 여파는 곧바로 조직으로 번져간다. 토요일 저녁 8시 30분에 리더가 보내는 이메일 한 통은 팀원들에게 보이지 않는 긴장감을 준다.

리더가 만성피로에 시달릴수록 팀 분위기는 경직되고 야근과 주말 근무가 '당연한 일'처럼 굳어지며 과로 문화로 이어질 위험도 커진다.

회복되지 않은 상태에서 내린 결정은 방어적이 되고 장기적으로는 전략의 품질도 떨어진다.

흔들리지 않는 삶의 우선순위

바빠지면 가장 먼저 잠을 줄이고, 운동 시간을 희생하게 된다. "하루이틀이니까 괜찮겠지" 싶지만 몸은 금방 무거워지고 감정은 예민해진다.

리더는 무엇보다 절대 희생할 수 없는 영역을 먼저 찾아야 한다.

어떤 사람에게는 건강이 최우선일 수 있다. 일주일 3회의 운동, 7시간의 수면이 유지되어야 하루가 온전히 굴러간다. 남들이 "운동할 시간이 어디 있느냐"고 말해도 그 영향은 결국 나에게 돌아온다.

누군가에게는 가족과 보내는 시간이 가장 중요하다. 자녀의 성장 순간을 놓치지 않기 위해 주말 저녁 식사만큼은 반드시 지킨다.

또 어떤 사람은 자기 계발이 자존감을 지탱하는 기반이 된다. 독서나 배움이 사라지면 하루가 빛을 잃는다.

스스로를 이렇게 질문해보자.

그 답이 바로 리더가 반드시 우선순위에 둬야 할 영역이다. 정기적으로 이 영역을 지키고 있는지 스스로 점검해야 한다.

나와의 약속, 변경 불가 시간

시간 스트레스가 심할 때 우리는 당장 눈앞의 일을 처리해야 한다는 압박감에 사로잡힌다. 누군가 급하게 부탁하면 "30분 정도는 괜찮겠지" 하며 흔쾌히 시간을 내어준다.

하지만 시간도 비용이고 자산이다.

그러나 금전과 달리, 시간은 지나면 되돌릴 수 없다.

그래서 중요한 일일수록 미리 시간을 확보해두는 습관이 필요하다. 하루 중 단 30분이라도 '비워둔 시간'이 아니라 '변경 불가 시간'으로 고정한다. 누구에게도 양보할 수 없는 나와의 약속인 셈이다.

이 시간은 반드시 지킨다. 가족에게도 미리 알려 도움을 받고, 무엇을 했는지 짧게 기록한다. 재테크이든 공부이든 산책이든 상관없다. 가장 중요한 거래처와의 약속처럼 대한다. 실제로 그런 약속이었다면 절대 어기지 않았을 것이다. 이 시간을 VIP와의 약속이라고 여기고 꾸준히 지키는 것이 핵심이다.

휴대폰을 치우는 것이 가장 확실한 방법

사람의 의지력은 쉽게 과대평가된다. "오늘만큼은 집중하겠다"고 다짐해도 휴대폰 알림 한 번이면 무너진다.

연구에 의하면 우리는 하루 평균 144번 휴대폰을 확인한다.[63] 잠자는 시간을 제외하면 10분마다 한 번씩 손이 가는 셈이다. 휴대폰이 책상 위에 있다는 사실만으로도 주의력의 절반이 이미 빼앗겨버린다. 이 정도의 자동화된 행동은 의지로만 막기 어렵다.

그래서 가장 확실한 방법은 스마트 기기를 물리적으로 치우는 것이다. 휴대폰은 서랍이나 다른 방에 두고, PC 알림은 끈다. 이메일은 '수시 확인'이 아니라 하루 몇 번으로 정한 일괄 처리 방식을 쓴다.
비슷한 유형의 일을 한 번에 모아 처리하는 방식이다.

환경을 이렇게 설계하면 의지력을 소모하지 않고도 자연스럽게 깊은 집중이 가능해진다.

리더가 자신의 휴식과 삶을 미루면, 그 피로는 개인에게만 머물지 않는다. 리더가 먼저 자기 삶을 존중하는 방식으로 시간을 다스릴 때 팀 전체가 지속 가능한 리듬을 되찾는다. 건강한 리더의 시간 관리가 곧 조직의 시간 관리가 된다.

팀 전체의 속도를 올리는
시간 리더십

일이 예상보다 오래 걸리는 것은 오히려 자연스러운 일이다. 돌발 상황, 컨디션 난조, 지연된 회의 등 수많은 변수가 수면 아래 잠겨 있다가 어느 순간 고개를 내민다.

우리는 늘 빙산의 일각, 예컨대 완성품과 성공의 순간만 바라본 채 일을 시작한다. 그 아래 숨어 있는 수고와 고단함은 시간 계산에서 빠지기 쉽다.

이런 변수를 예외로 치부하면 마감이 가까워졌을 때 리더도 팀원도 큰 대가를 치르게 된다. 따라서 계획 단계부터 리스크를 포함한 시간 설계가 필수다.

예상치의 1.5배를 기본값으로 두라

사람들은 예상 시간을 실제보다 항상 적게 잡는다. 8일 정도면 되겠다던 보고서가 두 주를 넘기고, 3주면 끝날 것 같던 프로젝트가 한 달을 훌쩍 넘기기도 한다.[64]

이 차이는 앞서 언급했던 '계획 오류' 때문이다. 우리는 '최적의 상황'만 떠올린 채 일정을 잡는다.

그래서 리더는 일정 계획을 할 때 예상치의 최소 1.5배를 기본값으로 두는 것이 좋다. 4일짜리 업무라면 6일을 확보하는 식이다.

이 완충 시간은 갑작스러운 수정, 이해관계자 변화, 회의 초과 등 '보이지 않는 위험'을 흡수해 마지막에 몰리는 야근과 품질 저하를 막아준다.

특히 1.5배의 법칙을 적용하려면 업무를 세분화하는 과정이 필요하다. 보고서 하나에도 자료 조사, 초안 작성, 검토, 디자인 등 여러 단계가 숨어 있기 때문이다.

이렇게 층위를 나누면 계획 오류를 크게 줄일 수 있다.

오전과 오후, 큰 단위의 설계

여행 일정조차 촘촘하면 피로가 몰려오듯, 업무 일정도 빡빡하게 채우면 숨이 막힌다. 하나가 어긋나면 그 뒤는 연쇄적으로 흔들리고, 상대 얘기를 들으면서도 '다음 일정까지 얼마나 남았지?'만 계산하게 된다.

시간을 "9~10시, 10~11시"처럼 잘게 쪼개면 10분만 어긋나도 하루가 틀어진다.

따라서 예측이 어려운 일은 오전·오후처럼 큰 단위로 계획하는 것이 훨씬 용이하다.

예를 들어 '오전 중 초안 작성'이라고 잡아두면, 중간에 갑작스러운 회의가 들어와도 전체 목표는 그대로 유지된다.

여기에 반드시 고려해야 할 것이 팀원의 꾸물거림 편차다. 개인차는 비용이 아니라 '예상치'로 포함해야 한다. 담당자별 작업 리듬을 미리 파악해 20~30%의 여유를 두고, 중간 점검 시점을 정해두면 작은 지연이 큰 문제로 번지지 않는다.

리더의 리스크 관리는 플랜 B

플랜 B를 완벽히 갖추려 하면 부담이 크다. 그러나 최소한의 대체 경로를 그려두는 것만으로도 위기 상황에서 조직의 속도는 크게 달라진다.

먼저, 최종 결과물에 반드시 포함되어야 하는 핵심 산출물을 파악한다. 예컨대 보고서에 꼭 들어가야 하는 도표가 있다면 담당자 부재 시를 대비해 "외주 디자이너 긴급 의뢰 가능" 같은 메모를 남겨둔다.

다음으로, 병목이 될 가능성이 높은 역할에는 가볍게라도 흐름을 파악한 대체 인력을 둔다. 연극에서 주연을 대신해 무대에 오를 수 있는 '대체 배우'가 존재하듯, 프로젝트에서도 대체 인력은 최소한의 흐름만 알아도 충분하다. 담당자에게 돌발 상황이 생겨도 바통을 이어받을 수 있기 때문이다.

마지막으로, 일정의 마지막 10~15%는 유동 시간으로 비워둔다. 막판은 정신적·체력적으로 가장 지치는 구간이다. 피로가 몰리고 능률이 떨어지기 쉽다. 이 유동 시간이 주는 여유가 마무리 품질을 좌우한다.

리더의 시간 관리는 정교함보다 현실 반영이 더 중요하다. 순발력과 임기응변도 필요하지만, 무엇보다 중요한 것은 예방이다.

계획 속에 든든하게 마련된 여유가 마지막 순간의 혼란을 막고 팀의 속도를 끌어올리는 가장 확실한 보험이다.

CHAPTER 11

감정 소모 없이
꾸물거림을 다루는 기술

조언하기 전에
마음 먼저 살펴보기

"일하러 온 회사인데 일을 하는 건 당연하지 않나?"

직장에서 책임감은 기본이라고 믿는다. 어린아이도 아니고, 자식도 아닌데 왜 꾸물거리는 그 사람을 이해해야 하는지 억울할 때가 있다.

"여기가 유치원도 아닌데 어루고 달래가며 일을 해야 한다는 말인가?"

이 질문의 밑바탕에는 이미 마음이 지쳐 있다는 신호가 깔려 있다.

'왜'라는 질문의 진짜 의미

우리는 보통 궁금할 때 '왜'를 묻지만, "내가 왜 이해해야 하나요?"의 '왜'는 궁금함이 아니다. 그 질문에는 "나는 지금 한계다", "더 이상은 힘들다", "이 상황이 바뀌었으면 좋겠다"는 감정이 담겨있다.

같은 시간 일하면서 누군가는 1~2인분, 혹은 두 사람 몫을 한다고 느끼는 순간 꾸물거림은 '느림'이 아니라 책임의 불균형으로 받아들여진다.

이해와 감싸주기는 다르다

꾸물거림을 이해해야 한다는 말은 무조건 봐주라는 뜻이 아니다.

심리적으로 꾸물거림에는 불안, 완벽주의, 번아웃, 반항심 등 다양한 원인이 있다.

이는 인간적인 현상이지만, 직장에서는 모든 인간적인 이유를 그대로 용인할 수는 없다.

역할이 명확한 조직에서는 이해보다 책임이 우선될 때가 많다. 그래서 "내가 왜 이해해야 하지?"라는 물음보다 더 중요한 질문은 "이 관계에서 나는 어디까지 감당할 것인가?"이다.

달래야 할 때도 있고, 구조를 바꿔야 할 때도 있다. 감정적인 달래기는 임시 조치일 뿐이다.

꾸물거림의 뿌리가 '역할 모호성', '질문하기 어려운 분위기', '심리적 안전감 부족'에서 비롯되는 경우가 많다.
무엇을 언제까지 해야 하는지 불분명하거나, 실수하거나 물어보는 것이 어려운 환경에서는 누구라도 움직임이 느려진다.

그래서 오해를 줄이려면 역할과 기준을 먼저 선명하게 만드는 구조적 접근이 감정 공감보다 앞서야 할 때가 있다.

그럼에도 꾸물거림이 반복된다면 그때는 책임의 문제다. 한두 번의 실수는 감싸줄 수 있지만 반복되면 조직의 기준에 따라 책임과 결과를 명확히 알려야 한다.

오해를 부르는 암묵적 승인 대신 명확한 선 긋기

공감은 상대의 입장을 헤아리는 일이지만, 상대의 꾸물거림이 내 시간과 에너지를 과도하게 잠식한다면 그것은 이해가 아니라 희생이 된다.

우리는 종종 피곤하거나 마찰을 피하고 싶어서 "이번만 넘어가자" 하고 침묵한다.

그러나 중요한 순간에 아무 말 없이 지나가면 그 침묵은 '괜찮다'는 암묵적 승인으로 잘못 전달된다.

그러다 어느 날 참다 못해 한마디하면 상대는 "갑자기 왜 그러냐"고 놀라고 억울해한다. 본인은 선을 넘고 있었다는 사실을 전혀 몰랐기 때문이다.

그래서 때로는 공감보다 경계 짓기가 필요하다. 상대를 몰아세우지 않으면서 내가 허용할 수 있는 범위를 명확히 말하는 것. 이는 감정적 반응이 아니라 서로를 존중하는 구조를 지키는 기술이다.

'사실의 언어'와 '합의의 언어'

먼저 스스로에게 묻는다.

"나는 어디까지 괜찮은가?"

"상대의 꾸물거림이 내 일정과 감정에 어떤 영향을 주고 있는가?"

"나는 어디까지는 받아들이고, 무엇은 감당할 수 없는가?"

이 정리가 되어야 건강한 대화가 가능하다.

이제 표현의 단계로 넘어가면 필요한 것은 사실의 언어와 협의의 언어다.

- 사실의 언어 : 관찰 가능한 현상을 말한다. '게으르다', '무책임하다'는 평가이고, '일정이 지연됐다', '전체 일정에 영향이 생겼다'는 사실이다.

- 협의의 언어 : 이 상황을 어떻게 해결할지 함께 찾는 것이다. 비난이 아니라 조율의 대화다.

예를 들어, 이런 대화들이다.

"작업 속도 때문에 전체 일정에 영향을 받고 있어요."

"제가 맡고 있는 일정들을 보면 ○일까지는 마무리가 필요한데, 어떻게 하면 가능할까요?"

사실의 언어와 협의의 언어는 두 사람이 서로를 공격하지 않고, 지금의 상황을 정확히 확인하며, 현실적인 해결책을 찾게 만드는 대화방식이다.

차분하게 현재의 현상을 바라보고 처리 방안을 객관적으로 논의하는 것. 그것이야말로 다른 사람의 꾸물거림에 효과적으로 개입하는 가장 성숙한 접근이다.

다른 사람이 꾸물거릴 때
필요한 마인드셋

꾸물거리는 사람을 보면 답답함이 먼저 올라온다. 화를 낼 수도 없으니 속으로 이런 생각이 꼬리를 문다.

"저 사람은 왜 저럴까?"

책임감이 없는 건지, 시간 감각이 둔한 건지, 일이 싫은 건지, 아니면 나를 무시하는 건지…, 머릿속에서는 어느새 전방위 분석이 시작된다.

때로는 그 사람의 가족사나 성장 배경까지 상상해가며 이유를 찾는다. 원인만 정확히 알면 마치 의사처럼 처방을 내려 문제를 고칠 수 있을 거라는 기대까지 붙는다.

원인 분석의 함정과 반추

사람은 답답하면 원인을 찾으려 한다. 우울할 때 "왜 이렇게 기분이 가라앉지?"를 반복적으로 묻는 것도 마찬가지다. 이런 사고방식을 '반추rumination'[65]라고 한다. 문제를 곱씹으면 뭔가 해결 과정에 들어선 듯한 착각이 들고, 잠시나마 무력감이 덜해진다.

하지만 원인을 알아도 기분은 나아지지 않는다. 오히려 '나는 문제가 있는 사람'이라는 결론에 더 가까워지기 쉽다.

꾸물거림도 비슷하다. 직장에서 누군가 일을 미루면, 그 여파는 곧바로 내 업무에 영향을 준다. 빨리 해달라고 말하고 싶지만, 갈등이 생길까 두렵다. 재촉하면 기분 나빠하지 않을까 걱정돼서 직접 말하기도 어렵다.

그래서 말하지 못한 감정을 '생각이라도 붙잡아서' 통제하려 한다. 하지만 생각을 붙드니 오히려 확신만 강해진다. "역시 저 사람은 문제야."

이유 찾기는 통제감의 착각일 뿐, 실제 상황은 단 하나도 바뀌지 않는다.

사실은, 화가 난 것이다

남의 꾸물거림을 볼 때 화가 나는 진짜 이유는 내 흐름이 방해받기 때문이다.

사람이 화를 내는 세 가지 주요 이유인 좌절, 방해, 위협의 관점에서 볼 때, 꾸물거림은 이 세 요소를 동시에 자극하는 기폭제가 된다.

- 좌절 : 내가 세운 계획이 멈추고, 결과가 미뤄지면 본능적으로 화가 난다. 내 노력도, 내 능력도 영향을 받는 듯한 느낌이다.

- 방해 : 일에는 흐름이 있다. 몰입이 붙으면 속도가 나는 법인데, 누군가 중간에서 멈추면 나도 그 자리에 발이 묶인다. 잘 달리다 갑자기 앞차 때문에 급정거하는 것처럼 신경이 곤두선다.

- 위협 : 내 시간을 침범당한다는 느낌은 곧 '존중의 침해'
  로 연결된다. '내 시간은 대체 뭐로 보이길래?'라는 생
  각이 들면, 상대의 꾸물거림이 나를 가볍게 대하는 행동
  처럼 느껴지고 화는 더 커진다.

결국 누군가의 꾸물거림은 내 목표, 내 흐름, 내 존중을 동시에 건드린다. 그래서 단순한 답답함을 넘어 '화'가 되는 것이다.

'왜 저래?'라고 생각할 때, 실제로 우리는 이렇게 말하고 있는 셈이다.

"내 일을 방해하지 말아달라."

꾸물거림이라는 '예상 가능한 변수'

회사에서는 누구도 혼자 일할 수 없다. 누군가는 일정이 늦어지고, 누군가는 예상치 못한 변수가 생긴다. 이것은 예외가 아니라 기본값이다.

남이 미루면 짜증스럽지만 감정에 휘둘리면 체력적으로

손해가 크다. 감정은 지나가는 것이기 때문에 그때그때 오르락내리락하면 금세 지친다.

따라서 사람 자체에 반응하지 말고 업무 구조에 반응하는 것이 훨씬 낫다.

하버드 비즈니스 리뷰의 분석에 의하면 CEO들은 주당 평균 62.5시간을 일하며, 그 중 약 60%를 대면 소통에 사용한다.[66] 즉, CEO의 하루 대부분이 조율, 설득, 결정 등 '사람과의 상호작용'으로 구성되어 있음을 보여준다. 대부분의 직장인 역시 업무 시간의 상당 부분을 함께 맞추고 조정하는 데 사용한다.

그렇다면 이러한 질문이 필요하다.

"무엇에 시간을 쓰지 않을 것인가?"

이 관점에서 보면 이유 찾기는 시간낭비다. 남의 꾸물거림을 분석하는 데 30분을 쓰는 것보다 그 여파를 조정하고 내 계획을 다시 세우는 데 드는 10분이 훨씬 효율적일 수 있다.

남이 제때 일을 해주면 좋겠지만 현실은 그렇지 않다. 대

부분은 맞춰주려고 노력하지만, 가끔은 일정이 깨지고 갈등
이 생긴다.

그럴 때마다 "왜 저럴까?"를 끝없이 파고들며 마음고생
을 반복할 이유는 없다. 그 대신 필요한 질문은 이것이다.

"그렇다면 나는 지금 무엇을 할 수 있는가?"

꾸물거리는 사람
공략법

꾸물거림은 단순한 습관 문제가 아니라 감정조절의 방식과 깊이 연결돼 있다. 특히 꾸물거림 성향이 높은 사람들은 '지금 이 순간의 불편함'을 피하려는 경향이 강하고, 즉각적인 기분 전환을 우선한다.

겉으로 보기에는 태만처럼 보이지만, 실제로는 감정 내구도가 약한 데서 비롯된 독특한 사고 패턴이 숨어 있다.

기분 달래기의 달인

꾸물거림 성향이 높은 사람들은 불안할 때 "그래, 이 정도면 괜찮아. 더 나쁠 수도 있었지"라는 하향식 사고방식을 자연스럽게 사용한다.

반면 꾸물거림 성향이 낮은 사람들은 "더 잘할 수도 있었는데"라는 상향식 사고방식을 더 많이 사용한다.[67]

이 차이는 행동에 직접적인 영향을 준다.

하향식 사고는 기분을 달래는 데는 효과적이지만, "다음에는 어떻게 하지?"라는 실행 동기로 잘 이어지지 않는다. 상향식 사고는 기분이 편하지는 않지만, 다음 행동을 떠올리고 움직이게 만드는 힘이 있다.

즉, 꾸물거리는 사람은 감정이 다치면 일을 우선하기 어렵다.
자극을 주거나 따끔하게 지적하면 정신이 번쩍 들기보다 오히려 기분을 추스르느라 일을 더 미루는 경우가 많다.

따라서 꾸물거리는 사람과 협업할 때는 감정적 방어벽을 건드리지 않고, 다음 행동으로 자연스럽게 이어지는 구조를 만드는 것이 훨씬 효과적이다.

행동이 가능해지는 '조건'을 만든다

겉으로는 "더 나쁠 수도 있었다"는 말이 쿨하고 낙관적으로 보일지도 모른다. 하지만 이런 방식은 안주하는 태도일 뿐 장기 목표를 향한 낙관주의와는 다르다. 현실의 불편함을 줄이려는 방어적 긍정에 가깝다.

연구를 보면, 꾸물이는 불안은 높고 희망은 낮다는 특징이 있다. 불안하기는 한데 '어차피 잘 안될 것'이라는 체감이 크다는 뜻이다.

이런 사람에게 필요한 것은 다그침이 아니라 행동이 가능해지는 조건이다.

- 불확실성을 줄인다 : 무엇, 언제, 왜를 명확히
  공포 영화가 무서운 이유는, 언제 어떤 일이 벌어질지 모르기 때문이다. 업무도 마찬가지다.
  기한, 기대치, 이유가 명확해질수록 불안은 빠르게 줄어든다.
  "이 자료를 ○일까지 보내주시면, 바로 다음 단계를 이어갈 수 있어요."

이 정도 설명이면 충분하다. 명확성은 꾸물거림의 첫 번째 해독제다.

• 즉각적인 성취감을 만들어준다
꾸물거림이 높은 사람은 단기적인 보상에 민감하다.[68]
그래서 전체를 요구하기보다 '시작할 단위'를 먼저 요청하는 편이 낫다.
"앞부분 두 페이지만 먼저 받아볼 수 있을까요?"

작게라도 시작하는 순간, '움직였다'는 성공감이 희망의 최소 단위가 된다.

• 접근의 문턱을 낮춘다
행동까지의 물리적·디지털 거리도 중요하다. 설치해야 하고, 로그인해야 하고, 파일 구조가 복잡하면 귀찮음이 커지고 미루기 쉽다.

공유 폴더에 들어가자마자 핵심 파일이 바로 보이게 하는 것만으로도 실행 확률은 크게 높아진다. 이건 상대를 위한 배려가 아니라 내 일을 제때 진행하기 위한 전략이다.

- 실패할 여지를 허용한다

  불안 수준이 높을수록 사람은 '완벽해야만 시작할 수 있다'고 믿곤 한다. 그래서 시작을 못 한다.
  "초안이면 충분해요. 함께 다듬으면 돼요."

  이 말은 심리적 안전망을 제공한다. 실수해도 괜찮다는 신호가 있어야 시작이 가능해진다. 실행은 안전감에서 나온다.

- 자기효능감을 빌려준다

  희망은 혼자 만들기 어렵다. 특히 꾸물거리는 사람은 '해 봤자 소용없다'는 감각과 싸우고 있기 때문이다. 그래서 작고 정확한 인정 한마디가 의외로 큰 파워를 갖는다.
  "방금 주신 내용 덕분에 다음 단계 바로 진행되네요. 도움이 컸어요."

  이런 피드백은 "당신은 할 수 있는 사람입니다"라는 메시지를 주며, 그 자체가 강화 자극이 된다.

  꾸물거림을 줄이려면 상대를 몰아붙일 필요가 없다. 움직일 수 있는 조건을 만들어주면 된다.

시작을
도와줘야 한다

사람들은 언제 가장 꾸물거릴까? 일에는 결정-착수-지속-마무리의 단계가 있다. 연구에 의하면 착수의 어려움이 지속보다 26.5% 더 높다.[69]

무엇을 할지 결정을 해두었어도, 막상 시작하는 순간 큰 장벽을 느끼는 것이다.

중요한 기획안 작성을 앞둔 직장인을 보면, 일단 책상 위 서류를 정리하고 멀쩡한 모니터 화면을 닦거나 메일함을 비우는 데 시간을 쓴다. 겉으로 보면 준비 과정으로 보이지만, 마음속으로 이렇게 외친다.

행동 개시의 심리학

꾸물거림 성향이 높은 사람들은 행동 개시가 느리다. 일부러 그러는 것이 아니라, 바로 시작할 수 있는 상황에서도 자동적으로 머뭇거린다.

실제로 쇼핑몰 에스컬레이터 이용자를 관찰한 연구에서, 서 있는 사람들이 걷는 사람들보다 꾸물거림 점수가 약 18% 더 높았다.[70] 같은 목적(쇼핑몰 입장)인데도 걷기보다 멈춤을 선택했고, 특히 오후에 더 두드러졌다.

즉, 미루는 사람들은 의식적 판단보다 습관적으로 '나중에'라는 규칙을 따른다.

왜 시작이 이렇게 어렵게 느껴질까?

착수는 단순한 행동이 아니다. 결심을 현실의 행동으로

전환하는 처음 순간이다. 이때 몸은 편안한 상태에서 불확실하고 노력이 필요한 상태로 이동해야 한다.

자동차가 정지 상태에서 출발할 때 연료를 더 쓰듯, 뇌도 이 순간 스트레스 반응이 증가하고, 위험을 감지하는 편도체가 민감하게 반응한다. 집중에 필요한 심리적 자원도 빠르게 소모된다.

그래서 많은 사람이 말한다.

"시작만 하면 금방 가는데, 그게 제일 어렵다."

처음에는 나도 모르게 '조금만 있다가 해야지'를 선택했을지 모른다. 하지만 반복되면 뇌는 '시작 직전에 멈추는 게 더 안전하다'고 학습하고, 미루기 반응이 자동화된다.

그리고 책상 정리, 휴대폰 확인, 물 마시기 같은 행동이 의도 없이 자동으로 실행된다.

특히 오후에는 의사결정 피로가 쌓여 뇌가 에너지를 아끼려고 '나중에 모드'로 전환되기 때문에 미루기가 더 강해진다.[71]

완벽주의를 깨는 거친 초안의 힘

착수는 대충 하는 게 낫다. '제대로 해야 한다'는 기준은 시작을 방해한다. 거친 초안이면 충분하다는 인식을 주어 긴장을 낮추는 것이 중요하다.

• 선택은 한 개만 제시한다
선택지가 많으면 미루기 쉽다. 그러므로 A부터 시작하자고 단일화하는 것이 효과적이다.

예를 들어 직장에서는 이렇게 안내할 수 있다.
"보고서 파일 먼저 열어주세요. 그리고 필요한 통계 자료 한 개만 메신저로 보내주세요."

즉시 실행 가능한 작은 한 조각을 제시하면 상대는 고민 없이 행동으로 들어갈 수 있다.

• 착수의 '증거'가 남게 한다
시작하자마자 바로 '진행됐다'는 표시가 남는 구조를 만들면 착수 불안이 크게 줄어든다.

예를 들어 공유 폴더 시스템에서 파일을 보려면 '공유 요청'을 눌러야 한다면, 이렇게 말할 수 있다.

"공유 요청만 먼저 눌러주세요."

요청을 보내는 행위 자체가 착수의 명확한 흔적이 된다. 상대는 부담 없이 행동하게 되고, 나는 시작했다는 기록을 확인할 수 있다.

핵심은 '고민의 시간을 제거하는 것'이다.

시작에서 가장 큰 적은 실행의 어려움이 아니라 "무엇부터 할까?"라는 고민 시간이다.

착수 행동을 구체적으로 한 단계만 제시하고, 선택을 제거하며, 착수의 흔적이 바로 남는 구조를 제공하면 상대는 멈춤 없이 현실의 행동으로 자연스럽게 이동한다.

🖊 착수를 돕는 7가지 실전 문장

① "지금은 초안이면 충분해요. 거친 버전부터 시작해볼까요?"

완성도의 부담을 낮춰 '시작'을 하도록 돕는 문장이다.

② "파일만 먼저 열어주세요. 그다음은 제가 안내할게요."

실제 행동으로 들어가는 첫 클릭을 만들어주는 방식이다.

③ **"이 중에서 가장 쉬운 것 하나만 먼저 해볼까요?"**

시작을 '쉬운 일'로 재구성하면 즉시 행동 가능성이 높아진다.

④ **"10분만 써보죠. 10분 지난 뒤에 다시 이야기해요."**

시간 단위를 최소화하면 뇌의 '나중에 모드'가 약해진다.

⑤ **"우선 자료 한 건만 보내줄 수 있을까요?"**

전체 요구가 아닌 미세 행동을 요청하는 방식이다.

⑥ **"공유 요청만 눌러주세요. 그게 착수 증거가 됩니다."**

시작의 흔적이 남는 행동을 만들어 불안을 줄여준다.

⑦ **"이건 지금 완벽할 필요 없어요. 일단 진행해봐요."**

완벽주의로 인한 지연을 끊어주는 기본 문장이다.

불안을 행동으로
바꾸는 법

꾸물거림의 대표 행동은 회피다. 부담이 생기면 피하고, 불안하면 다른 일로 도망친다. 그렇다면 압박을 받을수록 사람은 더 미룰까, 아니면 오히려 바로 시작할까?

이를 확인하기 위해 참가자들에게 실제로 압박을 준 연구가 있다.[72]

연구자들은 압박 집단에게 이렇게 안내했다.

• 곧 지적 능력을 평가하는 중요한 수학 시험을 본다.
• 점수는 기록되고 등수가 공개된다.

이 설명만으로도 참가자들은 즉시 불안감을 느꼈다. 이어

연구자들은 다음과 같은 문구로 마감 압박을 더했다.

- "실수 없이 정확해야 한다."
- "평가 결과는 진로에 의미가 있다."

핵심 단계가 이어졌다. 참가자에게 12분간 선택권을 준 것이다. 시험 준비를 위해 수학 연습문제를 풀 것인지, 아니면 짧은 영상을 보며 쉴 것인지 결정하게 했다.

결과적으로 압박을 받은 집단은 그렇지 않은 집단보다 약 30% 더 오랜 시간 연습문제를 풀었다. 반면 영상 시청은 여유 집단에서 더 많이 나타났다. 긴장감이 행동으로 이어진 것이다.

키워드는 '적당한 위기의식'과 '해결 가능성'

여유 집단도 시험을 봤는데 왜 더 많이 미뤘을까? 그들에게는 "지금" 해야 하는 이유가 약했기 때문이다. 불안이 낮으면 당장 행동할 동기가 생기지 않는다. 긴장감이 낮기 때문에 여유 있는 활동을 선택했을 것이다.

반면 직장에서는 사정이 다르다. 마감 실패는 팀 전체에 영향을 주고, 평판과 인사평가에도 연결된다. 직장에서의 핵심 문제는 기강 부족이 아니라 '해결 가능성 부족'이다.

해결 가능성이란, "지금 시작하면 상황이 나아진다는 감각"이다.

이 감각은 다음 세 가지가 갖춰질 때 생긴다.

• 성공 기준이 분명하다
압박 집단의 시험처럼 '정답을 맞히면 된다'는 기준이 있다.

• 결과가 예측 가능하다
연습하면 점수가 올라갈 것이라는 기대가 있다.

• 권한이 있다
스스로 문제를 풀고, 그 결과를 책임지는 구조였다.

이 세 가지가 갖춰지면 사람은 자연스럽게 행동을 시작한다.

해결 가능성 설계하기

꾸물거리는 사람에게 필요한 것은 "하면 달라진다"는 경험이다. 불안의 본질은 "두렵다"가 아니라 "두려움을 줄일 방법이 안 보인다"는 데 있다.

직장 과제는 대개 목표는 있지만 정답이 없고, 보상이 불분명하며, 시작해도 어떻게 될지 예측이 어렵다. 그러면 뇌는 이렇게 판단한다.

"해봐야 불안이 사라지지 않네? 그럼 나중에 하자."

그래서 해결 가능성을 높이는 구조화가 핵심이다.

- 성공 기준을 미리 제시한다
  예 "지난번 포맷과 동일하게, 초안은 여기까지면 충분해요."
  어느 수준까지 하면 괜찮은지 알면 행동이 쉬워진다.

- 결과의 예측 가능성을 높인다
  누가 어떻게 결과를 사용할지, 잘하면 어떤 이득이 있는지, 못하면 어떤 리스크가 있는지 설명해주면 자신의 행동이 '가치 있는 행동'으로 보인다.

- 일정 범위에서 권한을 부여한다
  "어차피 마지막에 상사가 다 뒤집을 것"이라는 인식이
  자리 잡으면 누구라도 미룬다.
  어디까지 자기 판단으로 진행해도 되는지 명확히 승인
  해주는 것이 필요하다.

막연한 공포를 해결의 길로

꾸물거림을 줄이는 핵심은, 적당한 위기의식과 높은 해결
가능성이다.

사람은 막연한 두려움 앞에서는 멈추지만, 해결될 것 같
은 길이 보이면 움직인다.

꾸물거림을 줄이는 리더십은 "혼내는 압박"이 아니라
"길을 보여주는 구조 설계"다.

✎ 해결 가능성을 높이는 5가지 리더의 질문

① "○○ 부분만 먼저 해주시면 제가 다음 단계를 바로 이어갈 수 있어요."

작은 시작이 전체를 움직인다.

② "지금 가장 막히는 구간이 어디인가요?"

문제의 실체를 확인하게 하여 '막연한 불안'을 '구체적 해결'로 전환한다.

③ "제가 도와줄 수 있는 가장 작은 단위는 무엇인가요?"

도움 받는 이유를 명확히 하여 책임을 흐리지 않으면서도 실행 문턱을 낮춘다.

④ "이 부분은 본인 판단으로 진행해줄래요?"

권한을 분명히 부여해 '해봐야 소용없다'는 무기력감을 줄인다.

⑤ "3분만 설명해주실래요? 그 안에서 해결 실마리를 같이 찾아보죠."

부담스럽지 않은 대화 문턱을 만들어 작은 말부터 행동으로 이어지게 한다.

상황별 꾸물거림 대처법

일정이 자꾸 밀려요
– 회사 속도에 휘둘리지 않는 계획법

일정이 밀리는 건 능력이 부족해서가 아니다. 우리의 두뇌가 '이번엔 빨리 끝날 것'이라는 낙관적 착각, 즉 계획 오류를 반복하기 때문이다. 우리는 언제나 착수 이후 발생할 변수, 즉 피드백 대기, 갑작스런 수정 요청, 협업 지연을 과소평가한다.

따라서 일정이 틀어지는 날이 잦은 것은 개인적 결함이 아니라 인간의 기본 패턴이다.

일정이 밀리는 이유는 크게 세 가지다.

- 전환 비용을 계산하지 않는다

  이메일 한 통, 메신저 알림 하나가 집중을 깨고, 다시 몰입으로 복귀하기까지 평균 20분대의 회복 시간이 필요하다.[73]

  이 작은 끊김이 하루 곳곳에 흩어져 누적되면 상당한 시간이 사라진다.

- 협업 지연의 도미노 때문이다

  한 사람의 지연은 다음 사람의 시작을 멈추게 하고, 전체 일정을 29~47%까지 늦춘다.[74]

- 회사 마감일은 움직이는 목표다

  조직은 리스크를 줄이려고 마감을 당기고, 실무자는 여유를 가정한다. 이 간극이 일정 스트레스를 만든다.

즉, 일정 지연은 개인 문제가 아니라 인지적 오류와 시스템 조건의 결과다. 그러므로 해법도 개인의 의지가 아니라 계획 시스템의 재설계에서 시작해야 한다.

60/40 법칙, 방해를 일정에 포함하라

우리는 다음 변수들을 통제할 수 없다.

- 갑작스러운 우선순위 변경
- 타 부서·외주 업체의 병목
- "죄송한데요"로 시작하는 긴급 요청들

그렇다면, 이런 방해를 예외가 아니라 원래 일정의 일부로 봐야 한다. 일정표를 빽빽하게 채우는 건 현실을 외면한 낙관이다.

일정을 잘 지키는 사람들의 공통점이 있다. 전체 시간의 60%만 계획하고, 40%는 수정, 검토, 돌발 대응 시간으로 비워둔다. 이렇게 여백을 남겨야 갑작스러운 변화가 생겨도 야근으로 메우기 전에 일정이 흡수된다.

일정 안정성을 높이는 '2-20-2' 전략

일정 안정성을 높이는 실전적 도구가 있다.

- D-2 선先마감

  회사 마감일보다 하루이틀 빠른 나만의 마감을 잡는다.
  금요일 제출이라면, 내 일정에는 수요일 15시 제출로
  명시한다.

- 예상 시간의 20%를 추가한다

  예상 소요 시간 × 1.2
  보고서 2시간 예상 → 2.4시간

  이 20%의 여유는 전환 비용, 알림 대응, 협업 중단 등
  숨은 비용을 자연스럽게 흡수한다.

  즉, 밀리는 건 실패가 아니라 정상이고, 안 밀리면 보너
  스라는 관점으로 전환하는 것이다.

- 일정은 두 단계로 기록한다

  대부분 '금요일 제출' 한 줄만 적는다. 그러나 일정은 반
  드시 두 단계로 쪼개야 한다.
  - 1단계 : 수요일 15시 초안 제출
  - 2단계 : 금요일 10시 최종 검토

이렇게 하면 최소한의 초안이 확보되고, 후반부 일정이 안정된다.

시간 계획도 동일하다. 3시간 집중이라고 쓰지 말고, 1단계 집중 → 휴식 → 2단계 재집중으로 나누어 기록한다. 뇌가 "아직 끝난 게 아니다"라고 인식하면 생산성이 대폭 오른다.

죄책감을 없애는 '전환 구간' 설계

"10시 회의 → 11시 보고서 착수"는 인간의 리듬과 맞지 않는다. 기계 같은 전환을 기대할수록 그 기대에 미치지 못하는 자신에게 죄책감을 느끼게 된다. 인간은 본래, 상태를 전환하는 데 일정한 시간이 필요한 존재다.

그래서 이렇게 바꿔야 한다.

- 10:00　회의
- 10:30　전환 구간 (정리 · 물 한 잔 · 스트레칭)
- 11:30　보고서 착수

30분의 전환 구간은 집중력을 회복하는 윤활유다. 계획은 촘촘함이 아니라 여백 설계 능력에서 완성된다.

컨디션이 하루하루 달라요
– 멘탈·체력 흔들려도 버티는 시간 관리

일을 할 때 가장 큰 변수는 결국 '나 자신'이다. 어제는 술술 진도가 나가더니, 오늘은 같은 일을 두고 한없이 버겁게 느껴질 때가 있다. 금요일 오후에 하던 일이 월요일 아침보다 두 배는 더 오래 걸리는 것 같은 경험도 흔하다.

대부분의 시간 관리 도구(캘린더, 할 일 목록, 시간 관리 앱)은 '시간'을 기본 단위로 설계돼 있다. 시간은 1시, 2시처럼 고정되어 있지만, 우리의 에너지는 일정하지 않다.

몸이 지치고 마음이 흐트러진 날엔, 계획이 나를 이끄는 것이 아니라 내가 계획에 끌려다니는 느낌을 준다.

그래서 프로 운동선수나 대기업 고위 임원들은 일정을 바이오리듬에 맞춰 설계한다. 우리 몸과 마음에는 약 60~120분 주기로 각성과 피로가 오르내리는 초일주기 리듬ultradian rhythm이 존재한다. 이 리듬에 맞춰 일과 휴식을 배치하면 집중과 회복을 최적화할 수 있다는 것이다.

하루를 시간 단위가 아니라 '에너지 리듬'으로 디자인한다. 시간 관리가 경계를 세운다면, 에너지 관리는 그 경계 안에서 몰입도를 유지하는 기술이다.

에너지 파도를 타는 리듬 설계

이를 실천하려면 먼저 나만의 에너지 최고·최저 구간을 파악해야 한다. 대체로 오전 중반에 집중력이 가장 높고 오후 중반에 떨어지는 경향이 있다. 예를 들어 오전 10~11시 30분 사이가 가장 선명하게 집중된다면, 그 시간대에 가장 중요한 업무를 배치하는 것이다.

회사 일정과 완전히 맞지 않더라도, 그 짧은 구간에 핵심 업무 한 조각을 넣는 것만으로도 결과가 달라진다.

기본 주기는 사람마다 다르다. 60~90분이 길다면 45분 집중, 15분 휴식처럼 조정하면 된다. 중요한 것은 오래 앉아 있는 것이 아니라, 이다.

휴식도 수동적 멈춤이 아니라 활동적 회복이어야 한다. 핸드폰을 보는 것은 쉬는 것 같지만 두뇌는 여전히 자극을 처리한다. 짧은 걷기, 스트레칭, 심호흡 같은 동작이 에너지 회복에 훨씬 효과적이다. 또한 에너지를 보충할 때는 당분 위주의 간식보다 단백질·복합 탄수화물이 담긴 식사가 지속력을 높인다.

결국 일의 지속 가능성은 에너지 리듬을 어떻게 관리하느냐에 달려 있다. 진짜 일 잘하는 사람은 시간을 쪼개는 사람이 아니라, 에너지의 파도를 타는 사람이다.

최악의 날을 기준으로 세우는 계획

우리는 보통 '잘 되는 날'을 기준으로 계획을 세운다. 하지만 이 방식은 컨디션이 좋을 때만 통한다. 계획의 기준이 최고 컨디션일수록, 조금만 흔들려도 전체 일정이 무너진다.

그래서 하루 계획은 최상의 날이 아니라 최악의 날을 기준으로 세워야 한다. 그래야 어떤 날에도 흐트러지지 않는다.

- 시작은 가장 쉬운 15분짜리부터
  등산 초반 15분이 유독 힘든 이유와 같다. 아직 몸도 마음도 예열되지 않았다. 이 구간을 넘기면 리듬이 잡힌다.
  업무도 마찬가지다. 다짜고짜 큰 작업부터 시작하면 첫 단추에서 막히고 그날 전체의 흐름이 흩어진다.
  그래서 시작은 작게 만들고, 최소 15분은 버티는 것이 흐름을 만드는 첫 단계다.

- 에너지 블록으로 하루를 관리한다
  시간을 "1~2시"처럼 고정하지 말고, 집중-회복의 주기로 묶어서 관리한다. 30~10분, 45~15분, 60~15분처럼 나에게 맞는 블록을 정하고, 하루에 3~4번 반복하는 것이 기본 구조다. 그리고 각 블록에 들어갈 업무를 에너지 소모도에 따라 분류해야 한다.

✏ **에너지 블록 예시표**

시간	상황 설명	블록 유형 · 내용 · 업무 성격
오전 10시	60분 집중 + 15분 회복	집중 블록 사고력, 분석력, 창의력이 필요한 핵심 업무(예 기획, 보고서 작성, 연구 등)
오전 11~12시	–	–
오후 1시	30분 집중 + 10분 회복	쿨다운 블록 단순 반복적 루틴 업무(예 문서 정리 등)
오후 2시	60분 집중 + 15분 회복	소통 블록 회의, 이메일, 피드백 등 대인 소통 중심 업무
오후 3시	–	–

"오전 10~12시가 두 시간인데 실제 노동시간은 60분밖에 안 되나요?"라고 느낄 수 있다. 그러나 현실의 업무 환경은 애초에 두 시간을 온전히 몰입할 수 있는 구조가 아니다. 전화, 질문, 대화, 알림은 모두 피할 수 없으며, 이 '틈새들'은 일의 일부다.

우리가 할 수 있는 것은 방해를 없애는 것이 아니라 예측하고 설계하는 것이다. 몰입 60분은 생산성 유지의 핵심이고, 회복 15분은 두뇌 리셋을 위한 필수 구간이며, 남는 45분은 방해, 대응, 복구를 위한 완충장치다.

겉으로 보기엔 비효율처럼 보이지만, 실제로는 일을 유지시키는 최소한의 기반이다.

- 컨디션 급락을 대비한 '비상 루틴'을 만들어둔다.
  컨디션이 무너지면 대부분 사람은 계획 전체를 포기한다. 그럴수록 최소 수행 기준선을 정해두는 것이 안정적이다.

  예를 들면 이렇게 말이다.
  - "오늘은 45~15분 블록 하나만 완수한다."
  - "핵심 피드백만 정리한다."

  또한 너무 힘든 날에는 선제적으로 공유하는 것도 전략이다.
  "오늘은 ○까지는 가능할 것 같습니다."
  이 한 문장이 관계도 지키고, 내 컨디션도 지켜준다.

나쁜 날을 망치지 않는 것이 좋은 날을 길게 이어가는 조건이다.

컨디션이 떨어지는 날은 누구에게나 찾아온다. 중요한 것은 흔들림 자체가 아니라, 그날을 어떻게 버티고 유지하느냐이다.

다음 체크리스트는 '최저 컨디션일'에도 하루의 균형을 지켜주는 최소한의 루틴이다. 전부가 아니라, 이 중 3~4개만 지켜도 흐트러짐을 막을 수 있도록 하였다.

✏️ 최저 컨디션일 대비 비상 루틴 체크리스트

1. 오늘의 최소 기준선 설정

- ☐ 오늘 반드시 해야 할 한 가지는 무엇인가?

- ☐ 45~15분 블록 한 개만이라도 완수할 수 있는가?

- ☐ '여기까지만 하면 된다'는 마지노선을 스스로에게 명확히 전달했는가?

2. 착수 장벽 낮추기

- ☐ 가장 쉬운 10~15분 업무부터 시작할 수 있도록 목록을 정리했는가?

- ☐ '지금 당장 할 수 있는 첫 행동 한 개'를 눈에 띄게 적어두었는가?

- ☐ 큰 일은 뒤로 미루고, '착수만 하면 흐름이 생긴다'는 원리를 적용했는가?

3. 에너지 블록 간소화

- ☐ 평소보다 짧은 30분 집중, 10분 회복 블록으로 전환했는가?

- ☐ 집중 블록에는 단 하나의 업무만 배치했는가?

- ☐ 회복 시간에는 걷기 · 스트레칭 · 물 마시기 등을 선택했는가?

4. 불필요한 의사결정 줄이기

- ☐ 오늘은 새로운 업무 · 목표를 추가하지 않겠다고 정했는가?

- ☐ 루틴 업무, 자동화된 업무를 우선 배치했는가?

- ☐ 중요한 일을 내일로 미루어도 되는 합리적 근거를 마련했는가?

5. 과도한 자책 차단

- ☐ '오늘 컨디션이 떨어지는 것은 정상'이라는 사실을 스스로 인정했는가?

- ☐ 일이 더뎌도 스스로를 몰아붙이지 않겠다는 약속을 했는가?

- ☐ 완벽한 하루가 아니라 유지되는 하루를 목표로 전환했는가?

6. 업무 파트너와 최소 공유

- ☐ "오늘은 ○시까지 가능한 만큼 진행해보겠습니다"처럼 짧게 알렸는가?

- ☐ 알림을 미리 보내 부담을 줄이고, 불필요한 오해를 예방했는가?

- ☐ 업무를 완전히 포기하지 않고 '가능한 범위'를 명확히 제시했는가?

7. 회복을 위한 환경 정비

- ☐ 방해 요소(알림 · 전화 · 메신저)를 줄이는 최소한의 환경을 만들었는가?

☐ 책상 위를 간단히 정리하여 시각적 부담을 낮추었는가?

☐ 몸이 가벼워지는 행동(물 마시기, 스트레칭 하기 등)을 했는가?

8. 여유 구간 확보

☐ 주요 일정 사이에 15~20분의 전환 시간을 넣었는가?

☐ 병목·돌발 요청이 들어와도 전체가 무너지지 않도록 여유를 확보했는가?

☐ 오늘 하루의 목표 총량을 70% 수준으로 낮추었는가?

9. '버티는 하루'의 종료 의식

☐ '오늘은 여기까지'라는 종료 신호를 스스로에게 명확히 주었는가?

☐ 남은 일은 미련 없이 내일 블록에 배치했는가?

☐ 작은 성취라도 기록하고 스스로의 노력을 인정했는가?

10. 내일의 흐름을 되살리는 준비

☐ 내일 착수할 수 있는 첫 행동(파일 열기, 목차 적기)을 정했는가?

☐ 오늘의 피로를 내일로 끌고 가지 않기 위한 가벼운 회복 루틴을 했는가?

☐ '최저 컨디션 날을 망치지 않는 것 자체가 성과'라는 사실을 기억했는가?

계획이 계속 틀어져요
- 다시 궤도에 오르는 전략

계획은 아무리 세밀하게 짜도, 중간에 변수가 생기면 일정이 흔들린다. 그러면 짜증과 불안이 같이 올라오고, 온 힘이 빠지면서 "그냥 놓아버릴까?" 싶은 마음마저 든다.

우리는 '계획이 틀어졌다'는 한 사건에서 두 가지 부담을 동시에 떠안게 된다. 하나는 계획 자체를 다시 손봐야 한다는 점이다. 계속 수정해야 하니 기운이 빠지고 피로가 누적된다.

두 번째는 '이래서는 안 된다', '이렇게 돼서는 안 됐다'는 식의 경직된 생각이 튀어나온다는 점이다. 예컨대 거래처에서 예약을 이중으로 잡았다는 사실을 뒤늦게 알게 되면, 우리는 속으로 이렇게 말한다.

"일 좀 똑바로 하지. 도대체 뭐 하는 거야?"

하지만 이중 예약 자체가 우리를 분노케 한 것은 아니다. 그 사건은 불편하고 실망스러운 일일 뿐이다. 분노는 '내가 당연히 보장받아야 할 권리가 침해됐다'고 해석될 때 생긴다. '이건 부당하다'는 판단이 즉각적인 감정 폭발로 이어지는 것이다.

새로운 계획을 짜는 것만으로도 이미 충분히 에너지가 든다. 여기에 더해 '이래선 안 돼'라는 생각까지 붙여버리면, 불편함이 곱절이 되는 셈이다. 귀찮고 번거롭더라도 다시 알아보는 편이, 날아간 계획을 붙잡고 밤새 속으로 곱씹는 것보다 훨씬 낫다.

감정을 걷어내는 '실패 로그' 기록

분노는 만족감이나 성취감을 높여주지 않는다. 화가 난다고 일이 빨라지지도 않는다. 계획이 틀어져서 마음이 요동칠 때는 '실패 로그'를 적어보는 것이 도움이 된다.

핵심은 '왜 이랬지?'를 캐묻는 대신, '무슨 일이 일어났는지'만 기록하는 것이다. 단 두 줄이면 충분하다.

예컨대 "회의가 예상보다 길어짐. 집중 풀려 오후 일정 연기"라고 쓰면 된다.

이렇게 쓰면 감정이 개입된 판단에서 빠져나와 사실을 정리하는 모드로 전환된다. 짜증과 분노에서 잠시 손을 떼야 집중력과 판단력이 돌아온다.

특히 계획이 틀어진 직후, 의식적으로 '머리 식히기'를 해야 한다. 격앙된 생각이 멈추지 않으면, 차라리 그 생각을 그대로 적는다. 끓어오르는 장면과 말을 손으로 풀어놓으면 감정이 어느 정도 빠져나간다. 그 후에 다시 돌아와 사실을 기록한다. 그리고 스스로에게 묻는다.

"지금 이 상황을 화내지 않고 처리할 의지가 있는가?"

그 질문에 "그렇다"라고 말할 수 있다면, 이제 계획을 수정할 준비가 된 것이다.

돌발 상황에서의 '일부 복원' 전략

돌발 상황이 생기면 심박수가 오른다. 모든 것을 처음부터 다시 해야 할 것만 같은 압박 때문이다. 그래서 외부 변수가 생긴 순간에는 작업 단위를 줄여야 한다. 전체를 복원하는 것이 아니라, '일부만' 복원하는 전략이다.

우선 우선순위를 재평가한다. 계획이 바뀌었다는 것은 외부 조건이 변했다는 뜻이므로, 지금 상황에서 무엇을 유지하고 무엇을 바꿀지를 선택해야 한다. 무에서 유를 만들지 말고, 이미 있는 것들을 다시 정렬하는 것이다.

그다음 바꿔야 할 것 중 '단 하나'를 정해 구체적인 실행 단서를 붙인다.

예를 들면 이렇다.

"오늘 오후, 보고서 ○페이지 내용을 찾아 1페이지 분량으로 수정."

이처럼 구체적인 실행 단서를 설정하면, 재착수 확률이 40% 이상 높아진다.[75]

뇌는 크고 추상적인 목표가 아니라, 눈에 보이는 작은 성취에 먼저 반응한다. 작은 조각이 움직이면 도파민이 분비되고, 그 보상이 다음 행동으로 이어지는 선순환을 만든다.

계획의 완성도보다 중요한 회복력

문제는 어긋난 계획이 아니라, "계획이 틀어지면 안 된다"는 생각이다. 유능함을 중시하는 사람일수록 이 규칙이 더 강하다. 이런 내부 규칙이 있으면, 일정이 조금만 흔들려도 마치 무능함이 드러난 것처럼 느껴지기 쉽다.

그 결과 더 완벽한 계획을 세워야 한다는 강박이 생기고, 일정표를 붙잡고 온종일 전투하듯 지내게 된다. 그런데 완벽하게 통제할수록, 작은 변수에도 쉽게 무너진다.

계획은 한 번 정하면 끝나는 약속이 아니라, 상황에 따라 조정하는 구조물이다.

게다가 시작과 복귀는 같은 뇌 회로를 사용하기 때문에, 다시 시작하는 것은 처음 시작하는 것보다 훨씬 쉽다. 이미 만들어진 행동 회로를 재점화하는 것이기 때문이다. 이를

'실행 의도의 가역성'이라고 한다.

실제로 외주 시안 도착이 늦어져 디자인 검토가 밀렸다면, '디자인 전체 검토'보다 '시안 알림이 오면 첫 화면 코멘트부터 작성'이라는 작은 계획이 훨씬 효과적이다.

계획의 완성도보다 중요한 것은 회복력이다. 계획은 언제든지 다시 세우면 된다.
유능한 사람은 계획을 완벽하게 지키는 사람이 아니라, 틀어졌을 때 빨리 복귀하는 방법을 아는 사람이다.

처음 해보는 일이라 막막해요
– 완벽하지 않아도 시작하는 기술

소요 시간을 추정한다

늘 처음 하는 일은 막막하다. 정보가 적으면 불안은 커지고, 못할 것 같다는 두려움이 앞선다. "시작이 반"이라는 말이 있듯 시작은 언제나 사람들을 어렵게 한다는 증거다.

맡겨진 일이 얼마나 걸릴지, 얼마나 어려울지 감이 없을 때 심리적 장벽은 더 높아진다. 그런데 시작 전에 대략적인 소요 시간을 그릴 수 있다면 그 장벽은 훨씬 낮아진다.

예를 들어 영상 제작 경험이 전혀 없는 사람에게 회사에서 갑자기 홍보 릴스를 직접 편집하라는 지시가 내려온다고 해보자. 머릿속이 하얘진다. 어떤 프로그램을 써야 할지, 소리와 자막은 어떻게 넣어야 할지, 며칠 밤을 새워야 할지까지 걱정이 한꺼번에 몰려온다. 막막함에 손이 멈춘다.

원래 목표와 현재 역량의 간극은 동기를 부여하기도 한다. 부족한 부분이 보이면 "조금만 하면 도달할 수 있겠다"는 생각이 든다. 그러나 간극이 너무 크면 그 차이에 압도당한다. 목표가 현재의 나와 너무 멀게 느껴지면 '어디서부터 시작해야 하지?'라는 생각에 행동이 멈춘다.

하지만 소요 시간이 보이면 상황은 달라진다.
"○○ 모바일 프로그램으로 하면 소리와 자막 넣는 데까지 1시간이면 충분합니다."

막막한 목표가 하나의 구체적 과제로 변하는 것이다. 실제로 과제 소요 시간을 미리 알려주는 것만으로도 꾸물거림이 약 17% 감소한다.[76] 연구에서는 과제가 약 2.5분 걸린다는 사실을 안내받은 참가자들이, 정보를 받지 못한 집단보다 훨씬 빠르게 과제를 제출했다.

흥미로운 점은 연구자에게 시간을 안내받지 않아도 스스

로 "얼마나 걸릴까?"라고 추정만 해도 동일한 효과가 나타났다는 사실이다.

즉, 외부 정보보다 중요한 것은 '소요 시간을 생각해보는 행위 자체'이다.

완벽주의라는 심리적 방패 치우기

소요 시간을 예상했다면 다음은 완벽주의를 경계해야 한다. 완벽한 조건으로 시작하겠다는 태도는 미지의 아틀란티스를 찾는 것과 같다. 편집 프로그램을 더 비교해야 하고, 아이디어도 더 찾아봐야 하고, 아직 준비가 덜 됐고… 이런 생각은 자신을 현명한 사람처럼 느끼게 해준다. 그러나 지나치면 행동을 무기한 미루는 심리적 방패가 된다.

완벽한 조건은 시작하고 나서야 비로소 갖춰진다. 지금 가진 것으로 10분만 해보자. 10분은 부담 없이 감당할 수 있는 시간이고, 시작하기에 충분하다. 완벽주의자는 완료 기준으로 자신을 평가하지만, 처음 해보는 일 앞에서는 '시작'을 기준으로 평가해야 한다.

귀찮음의 점수를 매기는 재조정 훈련

사람들은 새로운 일을 앞두고 긍정적 가능성보다 귀찮고 힘들 것 같다는 부정적 감정에 더 큰 비중을 둔다. 이런 사고 패턴을 '가치 가중 편향valence weighting bias'[77]이라고 한다.

일을 시작할할 때 "좋을 수도 있다"는 가능성보다 "귀찮을 것이다"라는 감정에 더 큰 점수를 주는 습관이다.

연구에 따르면, 이런 사고 패턴을 재조정한 사람들은 감정의 영향이 줄어들고 참여율과 완수율이 18% 이상 높아졌다.[78] 즉, 감정적으로 판단하는 습관을 바로잡으면 꾸물거림이 줄어든다.

재조정은 '내가 느낀 귀찮음이 실제와 얼마나 다른지'를 확인하는 과정이다.

- 일을 시작하기 전, 느끼는 귀찮음을 1부터 10까지 점수로 매겨본다. (예 "귀찮음 8점")
- 일을 딱 10분만 시작해본다.
- 그리고 다시 일의 귀찮음 정도를 적는다.

대부분의 경우 실제 점수는 훨씬 낮아진다. 예상과 현실의 차이를 눈으로 확인하는 것이 바로 '재조정 훈련'이다.

이 과정을 반복하면, 뇌는 '귀찮을 것 같다는 감정'의 신뢰도를 낮추고 실제 경험을 기준으로 판단하도록 수정한다.

✏️ 귀찮음 점수 기록 예시

시간	귀찮음 점수	비고
시작 전	8	"너무 귀찮을 것 같음"
10분 실행	–	
시작 후	4	"생각보다 괜찮네?"

재조정은 우리의 감정적 예측이 얼마나 자주 빗나가는지 스스로 확인하는 훈련이다. 이 단순한 기록만으로도 우리는 고민을 줄이고, 생각보다 빨리 시작하는 사람이 될 수 있다.

망설임 없이 시작해 끝까지 가고 싶어요
– 단시간에 집중력 끌어올리는 법

10분 주기 집중력과 초반 3분의 힘

요즘 집중력이 너무 짧은 것 같다고 스스로를 의심할 수도 있다. 10분만 앉아 있어도 스마트폰을 만지작거리며 딴짓을 하니 '혹시 ADHD인가?' 하는 생각까지 들기도 한다. 그러나 원래 인간의 집중력은 생각보다 짧다. 신경과학 연구에서도 집중력에 관여하는 뇌 부위가 10~20분 주기로 파동처럼 오르내린다[79]고 보고한다.

특히 새로운 일에 진입하는 순간, 뇌는 자동적으로 편안한 상태로 돌아가려는 신호를 보낸다. 집중을 유지하기 어려운 이유다. 실제로 사람들은 5분마다 스마트폰을 확인[80] 하는데, 이는 단순한 습관이 아니라 불편을 회피하려는 생리적 반응이기도 하다.

그래서 집중을 시작하려면 초반 3분을 버티는 힘이 필요하다. 스마트폰은 치우고, 브라우저 탭을 닫고, 주변 자극을 물리적으로 차단한다. 과제를 시작할 때 잠시 산만해져도, 5분 내에 집중 네트워크가 안정화된다.[81]

이후에는 작업 중간중간 짧은 휴식이 효과적이다. 1~2분만 쉬어도 피로도는 낮아지고, 집중 효율은 올라간다.[82] 누군가에게는 오래 버티는 것보다 짧게 집중하고 쉬는 방식이 더 효과적일 수 있다.

사람은 '끝났다'는 감각을 좋아한다. 짧은 집중은 작은 완결감을 만들어내고, 그때마다 뇌는 보상을 준다. 이런 완결의 반복이 자기효능감을 키우고, 집중 회로를 견고하게 만든다.

하기 싫다고 말하지 마라

몰입은 집중력과 감정의 싸움이다. 우리가 집중을 잃는 이유 중 하나는 지루함, 피곤함, 하기 싫음 같은 감정이 자연스럽게 생겨나기 때문이다.

그러나 이런 감정은 일을 객관적으로 평가한 결과가 아니다. 단지 마음이 흔들릴 때 올라오는 일시적 신호에 불과하다. 감정은 반드시 지나간다.

문제는 부정적 자기대화를 이어갈 때다.
"하기 싫다."
"너무 많아서 못하겠다."
"도저히 집중이 안 돼."

이런 말은 실제로 뇌의 기능 연결성을 약화시키며 집중 회로를 끊어버린다.[83]
지루함은 잡음으로 흘려보내고, 행동은 그대로 유지하는 편이 현명하다.

혼자 긍정적인 말을 건네는 것이 부자연스럽게 느껴진다면 다음 문장을 조용히 읽어보는 것도 좋다.

"지루하고 하기 싫구나. 이해해. 하지만 이 작업을 마무리하면 좋겠다."

"여기서 멈출 필요가 있을까? 조금만 더 이어가보자. 곧 나아질 거야."

집중을 유지하고 싶다면 감정에 응답하지 말고, 행동 중심 언어를 택해야 한다.

"하기 싫다" 대신 "곧 시작해야지."
"너무 많다" 대신 "하나만 먼저 하자."
기분이 아니라 방향이 중요하다.

집중력을 결정하는 것은 의지가 아니라 환경 설계

책상 위가 어지러우면 머릿속도 복잡해진다. 우리가 한 번에 처리할 수 있는 정보량에는 한계가 있어, 시각적 정보가 많을수록 인지 기능이 떨어진다. 이것이 바로 '인지 부하cognitive load'[84]이다.

숏츠나 릴스 같은 짧은 영상을 본 뒤 뇌가 멍해지는 것과 같은 원리다. 물리적 환경 또한 뇌에는 하나의 정보이다. 책상 위 서류, 메모, 알림창, 장식품, 파일이 많으면 뇌는 이 정보를 배경에서 처리하느라 집중력을 빼앗긴다. 반대로 정돈된 공간에서 일한 직원들은 직무 수행 점수가 약 16% 더 높았다.[85]

집중력을 결정하는 것은 의지가 아니라 환경 설계다. 빌 게이츠는 집무실에 들어갈 때 스마트폰을 다른 사람에게 맡긴다고 한다. 집중력이 높은 사람은 의지력이 강한 것이 아니라, 유혹이 닿지 않는 구조를 만드는 사람이다.

과자, 스마트폰, 알림창처럼 유혹을 부르는 단서를 물리적으로 제거하자.

집중력은 의지가 아니라 공간의 결과다.

이제 어떻게
움직일 것인가

프롤로그의 이야기는 단순한 에피소드가 아니라, 우리가 반복해 마주하는 마음의 패턴이었다.

이 책과 함께하는 동안, 당신은 '왜 멈추고, 흔들리며, 그리고 어떻게 다시 나아갈 수 있는지'를 설명해준 구체적인 언어와 도구들을 이미 갖추게 되었을 것이다.

이제 에필로그에서는 그 고민들을 다시 꺼내어, "그때의 나를 지금의 나는 어떻게 다르게 대할 수 있는 있을지"를 되짚어보려 한다.

"이 부탁을 또 해야 하나요?"
– 확인 요청 버퍼링맨

멈칫함은 배려에서 시작되지만, PART 1과 PART 3에서 살펴보았듯 신뢰는 결국 명확한 요청에서 자란다. 따라서 부탁을 감정이 아닌 '프로세스'로 다루고, 책에서 강조한 시간 중심의 문장으로 짧고 구체적으로 전달하는 연습이 필요하다. 예를 들어 "내일 2시까지 초안만 부탁드립니다"처럼 말하는 방식이다. 이러한 과정을 통해 당신은 이미 '조율의 기술'을 갖추게 되었다.

"고민만 자라는데, 행동은 언제 자랄까요?"
– 생각 과부하 씨

문제는 의지가 아니라 '인지적 과부하'라는 사실이다. 선택지를 줄이고, 조건을 단순화하는 것만으로도 시작의 문턱은 낮아진다. 시작은 거창할 필요 없이 30초짜리로 작게, 예컨대 운동이라면 일단 신발 끈을 묶는 것부터면 충분하다. 그렇게 시작된 작은 움직임이 결국 행동의 동력을 만든다.

"최적의 선택을 찾다 보니, 인생이 너무 느려졌습니다"
– 완전 탐사봇 3000

모든 일을 최적으로 해낼 필요는 없다. 중요한 일은 깊게, 사소한 일은 빠르게 처리하며 균형을 잡는 것이 중요하다. PART 2에서 말한 '완벽 중심 사고'로 실행의 흐름을 다시 회복하게 된다. 결국 당신에게 필요한 것은 완벽이 아니라 균형이다. 아울러 과제의 성격에 따라 '신속 추구'와 '최적 추구'를 유연하게 선택하는 것이 바람직하다. 중요한 가전은 충분히 검토하고, 식사 장소는 경험과 직관에 따라 빠르게 정해도 된다.

"아이의 리듬은 느리고, 내 마음은 앞서갑니다"
– 사랑의 성량 폭발러에게

사람을 움직이는 힘은 압박이 아니라 안정감이다. 타이머, 루틴, 그리고 작은 성공 경험을 통해 시간을 구조화해보자. 부모가 먼저 숨을 고르는 모습 자체가 최고의 모델링이 된다. 아이의 느린 리듬은 결함이 아니라 각자의 성장 속도일 뿐이다.

**"아무리 동기부여를 해도 몸이 움직이지 않아요"
– 마음은 앞에, 몸은 뒤에 님**

멈춤은 고장이 아니라 신호다. 먼저 회복하고, 그다음 작은 시작으로 다시 움직이면 된다. "시작해?"라는 말보다 "충분히 버텨왔다"는 안정이 먼저일 때가 많다. 회복이 움직임을 낳고 작은 움직임은 결국 변화를 만든다.

이 책을 덮는 지금, 당신은 예전처럼 자신을 탓하며 서 있는 사람이 아니다. 흔들릴 때 감정을 들여다보는 법을, 미루고 싶을 때 시작을 가볍게 만드는 법을, 관계가 꼬일 때 시간을 중심으로 말하는 법을 배웠다. 그 배움은 이미 당신 몸 한쪽에 단단히 담겨 있다.

삶은 여전히 복잡하겠지만, 당신은 이제 멈춤조차 새로운 출발의 일부임을 알고 있다. 한 번의 지연이 곧 실패를 의미하지 않으며, 주저함은 실패가 아니라 방향을 다시 잡기 위한 여백이다.

이 한 문장은 꼭 기억해두었으면 한다.

"오늘의 작은 움직임 하나가,
당신이 원하는 삶의 리듬을 다시 불러오는
첫 신호가 된다."

완벽하지 않아도, 조금 느려도 괜찮다. 당신은 언제든 다시 앞으로 나아갈 수 있다. 이제 남은 것은 단 하나, 당신의 마음 한 걸음이다.

참고문헌

1 Ainslie, G., & Haslam, N. (1992). Hyperbolic discounting. In G. Loewenstein & J. Elster (Eds.), Choice over time (pp. 57 – 92). Russell Sage Foundation.

2 McKinsey & Company; University of Oxford. (2012, October 1). Delivering large–scale IT projects on time, on budget, and on value. McKinsey.

3 Ferrari, J. R. (2010). Still procrastinating? The no–regrets guide to getting it done. Wiley.

4 Steel, P. (2007). The nature of procrastination: A meta–analytic and theoretical review of quintessential self–regulatory failure. Psychological Bulletin, 133(1), 65 – 94.

5 Prat, C. S., Stocco, A., Neuhaus, E., Kleinhans, N. M., & Paulsen, D. J. (2019). Procrastination and impulsivity are linked to striatal brain activity. Cognitive, Affective, & Behavioral Neuroscience, 19(1), 1 – 15.

6 Sirois, F. M., & Pychyl, T. A. (2013). Procrastination and the priority of short–term mood regulation: Consequences for future self. Social and Personality Psychology Compass, 7(2), 115 – 127.

7 Kerr, N. L., & Kaufman–Gilliland, C. M. (1994). Communication, commitment, and cooperation in social dilemmas. Journal of Personality and Social Psychology, 66(3), 513 – 529.

8 Mayer, R. C., Davis, J. H., & Schoorman, F. D. (1995). An integrative model of organizational trust. Academy of Management Review, 20(3), 709 – 734.

9 Boyd, J. N., & Zimbardo, P. G. (1999). Time perspective, future orientation, and self–control. In J. Brandstätter & R. M. Lerner (Eds.), Action theory: Models and concepts of action (pp. 103 – 121). Springer.

10   Wiseman, R. (2010). 59 seconds: Think a little, change a lot. Alfred A. Knopf.

11   Csikszentmihalyi, M. (1990). Flow: The psychology of optimal experience. Harper & Row.

12   Schaufeli, W. B., Salanova, M., González–Romá, V., & Bakker, A. B. (2002). The measurement of engagement and burnout: A two–sample confirmatory factor analytic approach. Journal of Happiness Studies, 3(1), 71 – 92.

13   Beal, D. J., Weiss, H. M., Barros, E., & MacDermid, S. M. (2005). An episodic process model of affective influences on performance. Academy of Management Review, 30(2), 413 – 436.

14   Gilbert, D. (2006). Stumbling on happiness. Alfred A. Knopf.

15   Smith, R. S. (2016). Time of day effects on cognitive control: A review. Biological Psychology, 119, 1 – 12.

16   Kahneman, D. (2011). Thinking, fast and slow. Farrar, Straus and Giroux.

17   Allen, T. J. (1984). Managing the flow of technology: Technology transfer and the dissemination of technological information within the R&D organization. MIT Press.

18   Baumeister, R. F., & Tierney, J. (2011). Willpower: Rediscovering the greatest human strength. Penguin Press.

19   Sonneberg, R. (2016). Routine and resilience: Psychological mechanisms of stability in everyday life. Springer.

20   Baumeister, R. F., & Tierney, J. (2011). Willpower: Rediscovering the greatest human strength. Penguin Press.

21   Duckworth, A. (2016). Grit: The power of passion and perseverance. Scribner.

22 Amabile, T. M., & Kramer, S. J. (2011). The progress principle: Using small wins to ignite joy, engagement, and creativity at work. Harvard Business Review Press.

23 Steel, P. (2007). The nature of procrastination: A meta-analytic and theoretical review of quintessential self-regulatory failure. Psychological Bulletin, 133(1), 65-94.

24 Hewitt, P. L., & Flett, G. L. (1991). Perfectionism in the self and social contexts: Conceptualization, assessment, and association with psychopathology. Journal of Personality and Social Psychology, 60(3), 456-470.

25 Lee, J., Kim, H., & Park, S. (2018). Effects of brief relaxation on attention and fatigue in office workers. Frontiers in Psychology, 9, 1432.

26 Deci, E. L., & Ryan, R. M. (2000). The "what" and "why" of goal pursuits: Human needs and the self-determination of behavior. Psychological Inquiry, 11(4), 227-268.

27 Sirois, F. M., & Pychyl, T. A. (2013). Procrastination and the priority of short-term mood regulation: Consequences for future self. Social and Personality Psychology Compass, 7(2), 115-127.

28 Forbes Germany. (2022, July 21). Procrastination: Why we delay work—and how to stop it. Forbes DACH Edition.

29 Baumeister, R. F., & Tierney, J. (2011). Willpower: Rediscovering the greatest human strength. Penguin Press.

30 Lee, J., Kim, H., & Park, S. (2018). Effects of brief relaxation on attention and fatigue in office workers. Frontiers in Psychology, 9, 1432.

31 Steel, P. (2007). The nature of procrastination: A meta-analytic and theoretical review of quintessential self-regulatory failure. Psychological Bulletin, 133(1), 65-94.

32 LeDoux, J. E. (1998). The emotional brain: The mysterious underpinnings of emotional life. Simon & Schuster.

33 Brown, B. (2012). Daring greatly: How the courage to be vulnerable transforms the way we live, love, parent, and lead. Gotham Books.

34 Covey, S. R. (1989). The 7 habits of highly effective people. Free Press.

35 Kahneman, D. (2011). Thinking, fast and slow. Farrar, Straus and Giroux.

36 Baumeister, R. F., & Tierney, J. (2011). Willpower: Rediscovering the greatest human strength. Penguin Press.

37 Amabile, T. M., & Kramer, S. J. (2011). The progress principle: Using small wins to ignite joy, engagement, and creativity at work. Harvard Business Review Press.

38 Fogg, B. J. (2019). Tiny habits: The small changes that change everything. Houghton Mifflin Harcourt.

39 Bargh, J. A. (2011). Before you know it: The unconscious reasons we do what we do. Simon & Schuster.

40 Bandura, A. (1997). Self–efficacy: The exercise of control. W. H. Freeman.

41 Deci, E. L., & Ryan, R. M. (2008). Self–determination theory: A macrotheory of human motivation, development, and health. Canadian Psychology, 49(3), 182–185.

42 Adler, A. (1971). The practice and theory of Individual Psychology. Routledge.

43 Rogers, C. R. (1995). On becoming a person: A Therapist's View of Psychotherapy. Mariner Books.

44 Amstad, F. T., & Semmer, N. K. (2011). Spillover and crossover of work–and family–related negative emotions in couples. Psychology of Everyday Activity, 4(1), 43–55.

45 Vaish, A., Grossmann, T., & Woodward, A. (2008). Not all emotions are created equal: the negativity bias in social—emotional development. Psychological Bulletin, 134(3), 383—403.

46 Deldin, P. J., Keller, J., Gergen, J. A., & Miller, G. A. (2001). Cognitive bias and emotion in neuropsychological models of depression. Cognition and Emotion, 15(6), 787—802.

47 Fisher, W. W., Piazza, C. C., & Roane, H. S. (Eds.). (2021). Handbook of applied behavior analysis. The Guilford Press.

48 Radhamani, K., & Kalaivani, D. (2022). Token economies in the classroom: A review of literature. Journal of Applied Science and Computations, 9(12), 169—182.

49 Wilson, J. Q., & Kelling, J. (1982). Broken windows. Atlantic Monthly, 211(1), 29—38.

50 Selye, H. (1950). Stress and the general adaptation syndrome. British Medical Journal, 4667(1), 1383 – 1392.

51 Foa, E. B., & McLean, C. P. (2016). The efficacy of exposure therapy for anxiety—related disorders and its underlying mechanisms: The case of OCD and PTSD. Annual Review of Clinical Psychology, 12(1), 1—28.

52 Goldfried, M. R., & Goldfried, A. P. (1977). Importance of hierarchy content in the self—control of anxiety. Journal of Consulting and Clinical Psychology, 45(1), 124 – 134.

53 Frost, R. O., Marten, P., Lahart, C., & Rosenblate, R. (1990). The dimensions of perfectionism. Cognitive Therapy and Research, 14(1), 449—468.

54 Rafaeli, E., Bernstein, D. P., & Young, J. (2010). Schema Therapy: Distinctive features. Taylor & Francis.

55 Flett, G. L., Hewitt, P. L., Blankstein, K. R., & Dynin, C. B. (1994). Dimensions of perfectionism and Type A behaviour. Personality and Individual Differences, 16(3), 477—485.

56 Neff, K. D. (2011). Self-compassion, self-esteem, and well-being. Social and Personality Psychology Compass, 5(1), 1–12.

57 Hayes, S. C., Strosahl, K. D., & Wilson, K. G. (2012). Acceptance and Commitment Therapy: The process and practice of mindful change (2nd ed.). The Guildford Press.

58 Greenberg, G., Ganshorn, K., & Danilkewich, A. (2001). Solution-focused therapy. Counseling model for busy family physicians. Canadian Family Physician, 47(11), 2289–2295.

59 Rescorla, R. A. (2004). Spontaneous recovery. Learning and Memory, 11(5), 501–509.

60 Giurge, L. M., Whillans, A. V., & West, C. (2020). Why time poverty matters for individuals, organisations and nations. Nature Human Behaviour, 4(10), 993–1003.

61 Buehler, R., Griffin, D., & Ross, M. (1994). Exploring the" planning fallacy": Why people underestimate their task completion times. Journal of personality and social psychology, 67(3), 366–381.

62 Daronnat, S., Azzopardi, L., Halvey, M., & Dubiel, M. (2021). Inferring trust from users' behaviours; agents' predictability positively affects trust, task performance and cognitive load in human–agent real-time collaboration. Frontiers in Robotics and AI, 8, 642201.

63 Howarth, J. (2025, April 14). 57+ incredible smartphone addiction statistics for 2025. Exploding Topics. https://explodingtopics.com/blog/smartphone–addiction–stats?utm_source=chatgpt.com

64 Kruger, J., & Evans, M. (2004). If you don't want to be late, enumerate: Unpacking reduces the planning fallacy. Journal of Experimental Social Psychology, 40(5), 586 – 598. https://doi.org/10.1016/j.jesp.2003.11.001

65 Watkins, E. R., & Roberts, H. (2020). Reflecting on rumination: Consequences, causes, mechanisms and treatment of rumination. Behaviour Research and Therapy, 127, 103573.

66 Bandiera, O., Guiso, L., Prat, A., & Sadun, R. (2011). What do CEOs do? (Harvard Business School Working Paper No. 11–081). Harvard Business School.

67 Sirois, F., & Pychyl, T. (2013). Procrastination and the priority of short–term mood regulation: Consequences for future self. Social and Personality Psychology Compass, 7(2), 115–127.

68 Svartdal, F., Klingsieck, K. B., Steel, P., & Gamst–Klaussen, T. (2019). Measuring implemental delay in procrastination: Separating onset and sustained goal striving. Frontiers in Psychology, 10, 2328. https://doi.org/10.3389/fpsyg.2019.02328

69 Svartdal, F., Klingsieck, K. B., Steel, P., & Gamst–Klaussen, T. (2019). Measuring implemental delay in procrastination: Separating onset and sustained goal striving. Frontiers in Psychology, 10, 2328. https://doi.org/10.3389/fpsyg.2019.02328

70 Svartdal, F., Klingsieck, K. B., Steel, P., & Gamst–Klaussen, T. (2018). On the behavioral side of procrastination: Exploring behavioral delay in real–life settings. Frontiers in Psychology, 9, 746. https://doi.org/10.3389/fpsyg.2018.00746

71 Pignatiello, G. A., Martin, R. J., & Hickman Jr, R. L. (2020). Decision fatigue: A conceptual analysis. Journal of Health Psychology, 25(1), 123–135.

72 Xu, P., González–Vallejo, C., & Xiong, Z. H. (2016). State anxiety reduces procrastinating behavior. Motivation and Emotion, 40(4), 625–637.

73 Rubinstein, J. S., Meyer, D. E., & Evans, J. E. (2001). Executive control of cognitive processes in task switching. Journal of Experimental Psychology: Human Perception and Performance, 27(4), 763–797.

74 Bonaccio, S., & Dalal, R. S. (2006). Advice taking and decision–making: An integrative literature review, and implications for the

organizational sciences. Organizational Behavior and Human Decision Processes, 101(2), 127–151.

75 Gollwitzer, P. M. (1999). Implementation intentions: strong effects of simple plans. American Psychologist, 54(7), 493–503.

76 YoungJin Chun, L., Lembregts, C., & Van den Bergh, B. (2024). Mind over minutes: The effect of task duration consideration on task delay. Journal of Consumer Psychology, 34(3), 502–509.

77 Granados Samayoa, J. A., & Fazio, R. H. (2024). Do I want to do this now? Task delay as a function of valence weighting bias. Personality and Individual Differences, 219, 112504. https://doi.org/10.1016/j.paid.2023.112504

78 Granados Samayoa, J. A., & Fazio, R. H. (2024). Do I want to do this now? Task delay as a function of valence weighting bias. Personality and Individual Differences, 219, 112504. https://doi.org/10.1016/j.paid.2023.112504

79 Columbia Theological Seminary. (n.d.). How to keep learners engaged. Retrieved from https://www.ctsnet.edu/how-to-keep-learners-engaged/

80 Heitmayer, M. (2020, December 3). We engage with our phones every five minutes, new study shows. LSE News. Retrieved from https://www.lse.ac.uk/News/Latest-news-from-LSE/2020/

81 sterman, M., Noonan, S. K., Rosenberg, M., & DeGutis, J. (2013). In the zone or zoning out? Tracking behavioral and neural fluctuations during sustained attention. Cerebral Cortex, 23(11), 2712–2723. https://doi.org/10.1093/cercor/bhs261

82 Albulescu, P., Macsinga, I., Rusu, A., Sulea, C., Bodnaru, A., & Tulbure, B. T. (2023). "Give me a break!" A systematic review and meta-analysis on the efficacy of micro-breaks for increasing well-being and performance. Frontiers in Psychology, 14, Article 112246. https://doi.org/10.3389/fpsyg.2023.112246

83 Kim, J., Kwon, J. H., Kim, J., Kim, E. J., Kim, H. E., Kyeong, S., &
    Kim, J. J. (2021). The effects of positive or negative self-talk on the
    alteration of brain functional connectivity by performing cognitive
    tasks. Scientific Reports, 11(1), 14873. https://doi.org/10.1038/s41598-
    021-94328-9

84 Sweller, J. (1988). Cognitive load during problem solving: Effects on
    learning. Cognitive Science, 12(2), 257 - 285.

85 Tabassum, S., Siddiqui, I. H., & Shabbir, M. H. (2021). Impact of
    physical workspace environment factors on employee performance
    and turnover intention. International Journal of Management (IJM),
    12(1),573-597.

오늘 일은
오늘
끝내는 법

초판 1쇄 발행 2026년 4월 2일

지은이 이동귀, 손하림, 김서영
펴낸곳 ㈜시앤AT
펴낸이 양홍걸

홈페이지 siwonbooks.com
블로그 · 인스타 · 페이스북 siwonbooks
주소 서울시 영등포구 영신로 166 시원스쿨
구입 문의 02)2014-8151
고객센터 02)6409-0878

ISBN 979-11-94687-57-3 03190

독자 여러분의 투고를 기다립니다.
책에 관한 아이디어나 투고를 보내주세요.
siwonbooks@siwonschool.com